영화 음악의 이해

영화 음악의 이해

한상준 지음

영화 음악의 이해

지은이 ｜ 한상준
펴낸이 ｜ 한기철
편집인 ｜ 이리라
편집 ｜ 이수정, 이소영

2000년 2월 15일 1판 1쇄 펴냄
2017년 5월 31일 1판 6쇄 펴냄

펴낸곳 ｜ 한나래출판사
등록 ｜ 1991. 2. 25. 제22 - 80호
주소 ｜ 서울시 마포구 토정로 222, 한국출판콘텐츠센터 309호
전화 ｜ 02) 738 - 5637 · 팩스 ｜ 02) 363 - 5637
e-mail ｜ hannarae91@naver.com
www.hannarae.net

ⓒ 한상준 2000
Published by Hannarae Publishing Co.
Printed in Seoul

영화 음악의 이해 / 한상준 지음. ― 서울: 한나래, 2000.
    238p.: 23cm(한나래 시네마 시리즈)

    KDC: 674.8
    DDC: 781.542
    ISBN: 978-89-85367-82-0 94680

    1. Motion picture music. I. 한상준.

차례

일러두기

· 한글 표기를 원칙으로 하되, 필요에 따라 외국어와 한자를 병기하였다.
· 한글 맞춤법은 '한글 맞춤법' 및 '표준어 규정'(1988), '표준어 모음'(1990)을 적용하였으나 혼란이 있는 경우는 출판사의 원칙을 따랐다.
· 외래어의 우리말 표기는 개정된 '외래어 표기법'(1986)을 원칙으로 하되, 그 중 일부는 현지 발음에 따랐다.
· 사용된 기호는 다음과 같다.
　영화, 노래, 논문 등: ⟨　⟩
　책이름, 앨범 제목: ≪　≫

머리말

1996년부터 다음 해 초까지 영화 현장에 있었다. 이렇다 할 성과물은 남기지 못했지만, 한국 영화 제작의 전과정을 가까이에서 볼 수 있는 소중한 시간이었다. 후반 작업 도중 이 기회에 영화 음악의 기초 이론을 좀더 체계적으로 습득하고 싶었다. 그래서 서점에서 관련 서적들을 찾았지만 영화 음악에 관한 깊이 있는 연구서는 국내에 거의 출간되어 있지 않았다. 영화를 구성하는 미학적 요소로서 영화 음악을 연구한 책들은 더욱 찾기 힘들었다. 나아가 우리가 '영화 선진국'으로 부르는 나라들에서도 영화 음악에 대한 진지한 연구가 시작된 것은 그리 오래 되지 않았다는 것을 알았다. 1장에서도 보겠지만, 미국과 유럽에서 영화 음악에 관한 이론서들이 출간된 것은 지난 10여 년 사이의 일이다.

영화 음악 연구의 역사가 짧다는 사실은 이상한 매력으로 다가왔다. 그러다가 미국에서 나온 서적들을 검토하면서 영화 음악에 관한 책을 한 권 써 볼까 하는 생각을 했다. 그 필요성을 절감했을 뿐 아니라, 외국에서 나온 영화 음악 이론서들이 대부분 음악 전공자가 아닌 영화 이론 전공자들에 의해 쓰여진 것을 알았기 때문이다. 물론 그것은 영화 음악이 다른 음악들과 달리 본질적으로 '영화를 위한 음악'이라는 사실에 기인할 것이다.

그러나 시작은 쉽지 않았다. 오랫동안 다양한 종류의 음악을 즐겨 왔다고는 해도, 음악 이론에 관해 본격적 수업을 받은 경험이 없었으므로 이 연구가 과욕일지 모른다는 두려움이 도전을 자꾸 막았다. 몇 번을 중단한 뒤에 어떤 강제의 필요성을 깨달았다. 아무래도 이것은 기초 학문의 성격이 강할 텐데, 그 방대한 작업을 위해선 순수한 욕심 이외에 또 다른 동기가 필요하다는 생각이었다. 그래서 그 때 준비하던 박사 논문의 주제를 아예 영화 음악으로 바꾸었다. 주진숙 지도 교수께 "어렵겠지만 의미 있는 작업이다"라는 이야기를 들은 뒤, 영화 음악에 관한 연구물을 내겠다고 주위에 선언해 버렸다. 이 책은 이후 2년 여 동안 후회를 거듭하면서 완성한 그 '만용의 시도'의 결과이다.

당연히 이 책은 영화 음악 작곡의 실제적 방법론에 관한 책이 아니다. 보기에 따라서는 영화 이론의 연장延長이란 성격이 강할지 모른다. 그러나 영화를 공부하는 사람 이상으로 영화 음악을 목표로 음악을 공부하는 사람들이 읽어 주었으면 하는 바람도 간절하다. 비록 본격적인 음악 이론은 결하였지만, 모든 음악 가운데 영화 음악만은 영화와 음악 두 분야에 대한 지식을 필요로 하므로, 그런 점에서 이 책이 실제적인 영화 음악 창조에 도움이 될 수 있으리라는 희망 때문이다.

책은 크게 세 부분, 즉 영화 음악의 역사, 기능 그리고 텍스트 분석으로 구성되어 있다.

먼저 제2장에서는 영화 음악의 역사를 개괄한다. 무성 영화에 음악이 필요했던 이유부터, 토키 이후 영화 음악은 어떻게 정립되었으며, 1960년대 이후 현재에 이르기까지 다양화된 음악은 어떤 양상을 취하는가를 알아본다. 여기에서는 물론 유럽 영화 음악의 역사도 대상으로 하지만, 전체적으로 내러티브를 중시하는 할리우드 음악의 발전을 중심에 놓았다. 미국과 유럽은 음악의 경우 조금 다른 발전 양상을 보였다. 할리우드로 대표되는 미국이 스튜디오 시스템이라는 독특한 산업 구조 아래서 개인의 개성보다는 영화 음악에서의 '제약' 내지 '규칙'을 세워 나간 반면, 유럽의 경우는 기존 음악적 전통의 연장 위에서 개별 음악가들의 독자성이 부각되었다. 그렇지만 유럽과 그 밖의 국가들에서도 다수의 주류 상업 영화들이 할리우드의 경우와 공통적이라는 점을 감안하면 할리우드 영화 음악의 발전은 중심에 놓일 수밖에 없다. 유럽의 경우는 상대적으로 개인 음악가들에 대한 연구가 강조될 것이기 때문이다.

제3장 '영화 음악의 역할은 무엇인가'에서는 내러티브와 음악과의 상호 작용을 중점적으로 논한다. 먼저 영화 음악이 음악의 일부면서도 영화의 내용에 대해 지니는 종속성을 감안해 음악 일반과의 차이점을 살펴본다. 이 논의를 위해서 구조주의 언어학의 기초 개념들이 원용된다. 이어서, 영화가 비非디제시스적 요소들을 통합해 현실감 있는 가상의 세계(디제시스)를 창조하는 성격을 기본으로 하는 만큼, 영화 음악을 디제시스적인 음악과 비디제시스적인 음악으로 구분해 그 기능을 살핀다. 특히, 우리가 보통 영화 음악이라고 할 때 배경 음악을 염두에 두는 경우가 보통이므로 비디제시스적 음악과 내러티브와의 상호 작용에 좀더 중점을

둔다. 나아가 순전한 기능 음악으로서 배경 음악의 성격과, 음악이 부재하는 경우 의미화의 문제까지 비디제시스적 음악의 기능에 포함시킨다. 마지막으로 모든 상업 영화 음악의 중요한 기초가 되는 할리우드 고전 영화 음악의 특성을 검토한다.

제4장에서는 개별 텍스트 안에서 음악과 내러티브가, 혹은 음악과 영화 형식이 어떻게 의미를 생성하는가를 구체적으로 분석한다. 먼저 영화 자체의 역사만큼이나 영화 음악의 역사 발전에 큰 영향을 준 할리우드 고전 영화 가운데서 존 포드 감독의 <밀고자>의 음악 특성을 살핀다. 맥스 스타이너가 이 영화에서 세운 규칙들은 이후 할리우드 고전기를 통해 전범이 될 만한 성격들을 지닌다. 다음으로는 역시 고전기 할리우드의 내부에서 제작되었음에도 불구하고 일반적인 음악 사용의 경우와 현저히 다른 특성을 지향한 영화로서 오슨 웰스의 <위대한 앰버슨 가>의 음악을 분석한다. 버나드 허먼은 이 영화에서 내러티브와 음악의 표면적인 대응 대신에 오슨 웰스가 영화를 통해 의도한 심층적 주제에 맞춘 음악의 사용을 시도한다. 1940년대 초의 할리우드 내부에서 벌써 모더니즘적 음악 사용의 사례를 볼 수 있다는 점에서 유익한 텍스트가 될 것이다. 이어서 모더니즘적 음악 사용의 예로 장 뤽 고다르의 영화 <비브르 사 비>를 검토한다. 고다르는 여기서 음악을 내용에 종속적인 요소가 아니라 영화라는 매체를 형태적으로 구성하는 하나의 독립적 요소로 사용함으로써 영화 음악의 새로운 가능성을 탐구한다. 마지막으로 노랫말이 있는 기존 팝 음악을 사용해 성공함으로써 이후 오늘날까지 특히 산업적인 면에서 영화 음악의 또 하나의 큰 줄기를 형성하도록 한 <이지 라이더>의 음악들과 내러티브와의 상호 관계를 검토한다. 영화 음

악 내부의 팝 음악의 범람은 미국 영화뿐 아니라 오늘날 많은 나라의 상업 영화들에서 공통적으로 볼 수 있는 현상이다. <이지 라이더>는 기성 음악들을 사용하면서도 내러티브와 적절하게 조응하는 선곡으로 작품 자체의 완결성을 높이는 데 드물게 성공한 작품이다.

중앙대학교 주진숙 선생님께 감사드린다. 어려운 시점에서 귀중한 도움을 주셨다. 그리고 중앙일보사 시절의 동료인 이영기, 임재철, 허문영 씨에게 깊은 고마움을 전한다. 그들과의 교류가 없었다면 지난 4년은 힘든 시간이 되었을 것이다. 또한, 늘 훌륭한 영화 서적 출간에 애쓰시는 한나래 출판사 여러분께도 감사를 표한다.

지은이

1

영화 음악은 '보는' 음악이다

1. 영화 음악의 중요성

프레드 지너만이 감독한 영화 <하이 눈 *High Noon*>의 후반부에는 '시간의 몽타주'라고 부를 만한 인상적인 시퀀스가 등장한다.

> 주인공 윌 케인(게리 쿠퍼)이 마을 사람들에게 협력을 거절당한 뒤 보안관 사무실에 앉아 자신이 죽을 경우를 대비해 유언장을 쓴다. 악당 프랭크 밀러가 도착하기 직전이다. 이 순간 시계추 소리에 맞추어 4/4박자의 음악이 조용히 시작된다. 동시에 음악의 박자에 맞추어 4박자의 길이 그리고 간혹 그 두 배인 8박자 길이의 숏들이 규칙적으로 편집되면서 화면에 등장한다. 그 숏들은 프랭크 밀러가 도착할 정오를 초조하게 기다리는 마을 사람들을 번갈아 담는다. 중간중간 시계가 등장하고, 4/4박자의 음악은 점차 음량을 늘리면서 클라이맥스를 향해 간다. 한 순간 이 편집과 음악의 일치된 진행을 깨면서 기적 소리가 들린다. 그리고 음악은 갑자기 멎는다. 악당을 실은 열차가 도착한 것이다……

따로 떼어 내 보면 그 인위성이 금세 눈에 띄는 이 '시간의 몽타주'는, 그러나 영화의 시작부터 영화 속 세계(이것을 디제시스라고 부른다)에 몰입되어 결말을 궁금해 하는 보통의 관객들에게는 거의 의식되지 않는다. 단지 클라이맥스를 향한 궁금증을 배가시키면서 모르는 사이에 등장 인물과 똑같은 심리를 공유하도록 작용할 뿐이다.

영화 음악은 그런 점에서 편집과 비슷하다. 숏과 숏의 연결에 의해, 영화 내용의 바깥에서 인위적으로 개입하는 국면(이것을 비非디제시스라 한다)이 명확하게 보임에도 불구하고 연속성 *continuity* 의 규칙에 따라서 관객들은 그 국면을 인식하지 못한다. 영화 음악

1. 루이스 부뉴엘의 <세브리느>에는 음악은 물론 효과 음향도 사용되지 않는다. 그 결과 이 영화
는 초현실주의적 효과를 준다.

역시 그렇다. 디제시스의 외부적 요소들 가운데 가장 분명한 정체를 가졌음에도 관객의 귀에는 잘 들리지 않는다.[1]

영화에서 편집이 지니는 중요성을 의심하는 사람은 없다. 극단적으로 '영화는 편집의 예술'이라는 명제에 대해서도 큰 의심 없이 수긍한다. 초창기 단순히 현실을 짤막하게 기록하던 시기를 지내고 나서 편집이 발명된 이후 실제로 그것은 영화의 중요한 토대가 되었다. 편집을 의도적으로 기피한 영화가 없는 것은 아니다. 알프레드 히치콕의 〈로프 Rope〉 같은 것이 그 대표적인 사례다. 뿐만 아니라 롱 테이크 또는 플랑 세캉스 plan-séquence 등의 기법을 통해 한 시퀀스 안에서 편집을 결하는 경우도 적지 않다 (장 미트리 같은 이는 롱 테이크 안에서도 '내적 편집'은 여전히 존재한다고 지적한다. 하지만 적어도 기계적인 편집은 없다). 그러나 기계적인 편집을 기피하는 경우 역시 편집에 대한 강한 자의식을 전제로 한다.

마찬가지로 음악이 없는 영화도 상상할 수 없다. 뤼미에르가 최초의 영화를 상영할 때부터 음악은 있었다고 기록들은 전한다. 즉, 이 세상에 존재하는 영화의 수만큼 영화 음악이 존재한다. 편집의 경우처럼, 음악을 결한 영화도 물론 있다. 얼핏 생각할 수 있는 것으로 루이스 부뉴엘의 〈세브린느 Belle de Jour〉, 알프레드 히치콕의 〈새 The Birds〉, 스탠 브래키지의 〈도그 스타 맨 Dog Star Man〉 정도가 있다. 그러나 여기서도 음악에 대한 자의식은 여전히 중요한 전제이며, 그 자의식은 편집의 경우보다 훨씬 강하다. 〈도그 스타 맨〉은 1960년대 미국의 대표적 전위 영화로 시각성에 대한 극단적 실험을 한 결과 음악을 의도적으로 제거한 경우다. 〈세브리

---

1) 디제시스와 비디제시스의 차이는 제3장의 "디제시스와 비디제시스"를 참조하라.

느>는 초현실주의의 대의 아래 꿈과 현실의 고착을 의도한 경우다.[2] 그리고 엄밀히 말하면 <새>에는 음악이 존재한다.[3]

그러나 이렇게 영화와 밀접한 관계를 가져온 영화 음악의 기능 및 미학적 역할은 오랫동안 영화 이론의 관심 영역 바깥에 있었다. 미국과 유럽에서 영화 음악에 관한 진지한 이론서들이 출간된 것은 대략 지난 10년 동안의 일이다.

영화 음악 연구가의 한 사람인 클로디아 고브만 Claudia Gorbman 은 관객의 정서를 조정하고 등장 인물의 심리, 영화 전체의 분위기 그리고 내러티브 전개의 이해를 돕는 영화 음악의 중요한 역할을 감안할 때 그 이론적 연구의 역사가 10년밖에 되지 않는다는 사실은 놀라운 현상이라고 지적하면서, 그 이유를 몇 가지 방향에서 논한다.[4]

먼저, 영화에 대한 학자들의 주된 관심이 기본적으로 문학적 내러티브성과 시각 스타일에 있었기 때문에 음향에 대한 연구는 상대적으로 약할 수밖에 없었고, 따라서 음악 이론도 경시되었다. 그러나 지난 30년 동안 영화 연구가 정신 분석학, 마르크스주의, 기호학 등 여타 문화 연구의 분야까지 확대되어 가는 과정에서도

---

2) <세브리느>에서 음악의 부재에 관한 특성은 제3장의 "음악의 '부재'와 내러티브"를 참조하라.

3) <새>에서 주인공 멜라니가 피아노를 연주할 때 물론 음악이 들린다. 그러나 이것은 디제시스의 차원에 포함되는 것이며, 이야기의 바깥에서 첨가되는 보통의 영화 음악은 여기에 없다. 제3장의 "영화 음악의 세 가지 차원"을 참조하라.

4) John Hill & Pamela Church Gibson (ed.), *The Oxford Guide to Film Studies*, Oxford University Press, 1998, pp.43~4.

유독 영화 음악의 연구가 늦은 데는 또 다른 이유가 있다. 즉, 설사 영화 음악의 역할을 잘 인식하는 경우라도 영화와 전혀 다른 어법을 지닌 음악에 대한 일정한 훈련을 결한 상태에서는 그 연구가 진지하게 이루어질 수 없다는 한계이다. 이 점에서 고브만은 영화 음악에 대한 연구가 영화의 일반 미학 연구의 '마지막 요새'를 이루는 분야라고 주장한다.

두 번째, 순수 음악을 연구하는 사람들 가운데서도 역시 영화 음악에 대한 편견이 지속되었다. 순수 음악을 고급 예술로 간주할 때, 영화의 내용에 봉사하는 종속적 위치에 있는 영화 음악은 음악적으로 가장 낮은 수준에 있다는 편견이 그것이다. 더욱이 영화 음악에 대한 접근은 음악적 지식만으로는 충분하지 않다. 영화는 모든 예술 형태 가운데 현실 재현적 특성을 가장 강하게 지닌 예술이며, 반면에 추상적 기호로 결합된 음악은 가장 비재현적 예술이다. 따라서, 모든 음악 가운데 영화 음악은 영화와 음악 두 분야에 대한 지식을 필요로 한다. 마틴 마크스Martin Marks 의 말처럼 "영화 음악 연구의 1차적 텍스트는, 관객에 있어서나 연구가에 있어서나, 레코드나 악보가 아니라 바로 영화 자체"일 수밖에 없기 때문이다.[5]

그러나 클로디아 고브만의 지적 외에도 영화 음악 연구가 영화의 다른 분야만큼 활발하기 힘든 현실적 이유가 있다. 위에서 인용한 마틴 마크스의 말은 영화 음악 연구에서 영화 텍스트 자체가 지니는 중요성을 강조하기 위함이지, 레코드나 악보가 무용하다는 주장은 아니다. 실제로 영화 음악의 깊이 있는 분석을 위

---

5) Clifford McCarty (ed.), *Film Music 1*, Garland, 1989, p.5.

해서는 영화 작품과 함께 악보 연구가 필수적이다. 듣는 것만으로는 피상적일 수밖에 없기 때문이다. 그러나 다른 나라는 말할 것도 없고, 조직적인 스튜디오 시스템이 가장 잘 갖추어졌던 미국에서도 연구를 위한 악보의 입수는 여전히 수월하지 않다.

그 결과 영화 음악의 이론적 연구에는 긴 공백이 생길 수밖에 없었다. 1980년대 이전 이 공백을 메운 사람들은 탁월한 영화 음악 작곡가들이었다. 1급 작곡가라면 음악을 만들 때 당연히 영화의 드라마적 전개를 분석해야 했기 때문이다. 이렇게 영화의 드라마적 구조에 대한 이해와 음악 이론 분야의 독점적 권위 때문에 데이비드 랙신 David Raksin 이라든지 엘머 번스타인 Elmer Bernstein, 레너드 로젠만 Leonard Rosenman 등의 작곡가들에 의해 영화 음악 연구가 이루어졌다. 실제로 1980년대 이전에 서구에서 출간된 대부분의 영화 음악 서적들은 거의 작곡가들에 의해 쓰여졌다.

그러나 지난 10년 동안 상황은 바뀌었다. 미국의 경우 1980년대 중반을 거치면서 대학교의 영화학과를 중심으로 영화 음악에 대한 이론적 연구가 시작되었다. 그것은 당시 영화 음악을 둘러싼 내적, 외적인 상황 변화에 기인한다. 즉, 1980년대 이후 고유한 영화 음악이 아닌, 기성 팝 음악이 일반 대중 영화에 사용되는 경우가 현저히 증가했고, 그에 따라 영화 산업과 음악 산업이 연계되면서 그 의미와 역할에 대해 깊이 있는 관심이 늘기 시작한 결과로 볼 수 있다. 이후 영화 음악 연구의 주체는 작곡가들에서 영화학자들로 바뀌었다. 로열 브라운 Royal Brown, 클로디아 고브만, 캐서린 칼리나크 Kathryn Kalinak, 도미니크 나스타 Dominique Nasta 등 지난 10년간 활발한 활동을 한 연구가들은 모두 영화학을 기반으로 음악을 연구하는 학자들이다.

이들을 중심으로 지난 10여 년 동안 영화 음악과 관련해 이전과는 다른 문제틀이 제기되었다. 고브만은 만족스럽지 않은 성과에도 불구하고 다양한 각도에서 문제들이 제기된 사실을 평가하면서 대략 다음과 같이 이 문제들을 요약한다.[6]

(1) 왜 영화는 음악을 가지는가?
(2) 좋은 영화 음악을 구성하는 요소는 무엇인가?
(3) 영화 음악의 발전은 어떠한 방식으로 역사화되어야 하는가?
(4) 영화 음악 이론이 밝혀 낼 수 있는 것은 무엇인가?
(5) 영화에서 음악이 행하는 내러티브적 기능은 어떤 것인가?
(6) 영화와 음악 사이의 형태적, 미학적 관계는 어떤 것인가?
(7) 지난 20년간 미국의 상업 영화에서 볼 수 있는 팝 음악의 유행은 어떤 미학적, 이데올로기적 결과를 수반하는가?
(8) 텔레비전, 만화 영화, 기록 영화 그리고 실험 영화 등에서 음악은 어떻게 기능하는가?
(9) 미국의 영화 음악과 유럽의 영화 음악 그리고 다른 지역의 영화 음악 사이의 공통점과 차이는 어떤 것인가?

이러한 문제들 가운데 가장 큰 성과를 얻은 것은 영화 음악의 내러티브적 기능에 관련된 분야이다. 역으로 그것은 영화 음악에 관한 연구 가운데 내러티브적 기능의 문제가 그만큼 중요하다는 증거이기도 하다.

이 책은 이처럼, 실제로 모든 영화에 붙어 있으면서도 여타 시각적 요소들에 비해 주목받지 못했던 영화 음악의 내러티브적 기능 연구에 초점을 맞춘다. 지난 10여 년 간 서구에서 행해진

---

6) Hill & Gibson (ed.), 앞의 책, p.43.

연구를 기반으로, '없으면 뭔가 빈 것 같은' 정도의 존재로 인식된 영화 음악이, 실제로 화면 구성이나 촬영, 조명과 색채 등 시각적 요소들 못지않게 내러티브의 전개와 해석에 얼마만큼 창조적으로 기여할 수 있는가를 구체적으로 분석해 보고자 한다.

2. 영화 음악에 관한 이론들

영화 음악에 관한 최초의 이론적 관심은 소련의 형식주의자들로부터 시작되었다. 알렉산드로프가 기초하고 푸도프킨과 에이젠슈테인이 공동으로 서명해 1928년에 발표한 <유성 영화 선언>이 그것인데, 이후 이 글은 사실상 에이젠슈테인 영화 음악의 토대를 이루는 것으로 이해되었다.

여기서 영화 음악은 음향의 일부로서 제시된다. 이 글이 발표되던 시점이 토키 영화의 시작과 일치하기 때문이기도 하다. 세 사람은 찰리 채플린이나 르네 클레르 같은 감독, 그리고 루돌프 아른하임 같은 이론가들과 달리 토키의 출현을 환영하는 입장에 섰다. 그들 주장의 핵심은 소리를 영화 속에 유기적으로 도입할 것을 요청했다는 점에 있다. 소리와 화면, 즉 음향과 영상의 대위법적 사용을 주장한 이 글은 소리를 하나의 독립적인 구성 요소로 파악하고, 화면과의 변증법적인 통일을 추구하는 에이젠슈테인의 일관된 사상과도 일치하는 것이다.[7]

에이젠슈테인 등은 "시각적 몽타주 단편과 소리의 대위법적

---

7) 세르게이 에이젠슈테인, 《몽타쥬 이론》, 이정하 옮김, 예건사, 1990, p.167.

이용만이 몽타주의 발전과 완성에 새로운 가능성을 부여한다"고 주장한다.[8] 따라서 소리에 대한 최초의 실험적 작업은 시각적 영상과 소리의 첨예한 불일치라는 방향으로 향해야 한다. 즉, 그들은 이후 할리우드 고전 영화 음악의 중요한 원칙으로 확립되는 영상과 화면의 평행주의 *parallelism* 에 반대하고 그 대안으로서 대위법 *counterpoint* 을 주장한 것이다. 그 이유를 이 선언문은 이렇게 밝힌다.

> (음향이라는) 새로운 기술적 발명에 대한 그릇된 이해는 예술로서의 영화의 발전과 완성을 가로막을 뿐 아니라, 지금까지 영화 형식의 성과를 송두리째 파괴해 버릴 위험성을 가지고 있다……. 현재 영화는 시각적 형상들을 활용함으로써 강력한 영향을 미치고 있으며 당연히 모든 예술 중에서 최고의 위치를 차지하고 있다……. 소리의 기록이 자연주의적인 차원에서 이루어짐으로써 스크린의 운동과 소리의 일치에 의해 '환각'을 만들어 낼 수 있다……. 소리가 이렇게 '고도로 문화적인 연극'과 기타 '촬영된' 연극적 공연물을 위해 무의식적으로 이용되는 것은 무서운 일이다. 이런 식으로 소리가 사용되면 몽타주 문화는 파괴되고 말 것이다. 몽타주 단편 하나하나에 소리가 달라붙게 되면 각 단편은 그 자체의 탄성과 의미의 독립성을 증대시키게 된다. 그 결과 단편 하나하나가 아니라 단편과 단편을 대비시키는 몽타주는 반드시 피해를 입을 것이다……."[9]

여기서 이후의 영화 음악 이론의 발전을 감안할 때 눈에 띄는 것은, 에이젠슈테인 등이 고대 이후 시각과 청각에 대한 서양의 전통적 가치관의 연장 위에 있다는 사실이다. 그 전통적 가치관이란 '시각성의 우월, 청각성의 종속'이라는 편견이다. 위의 글

---

8) 같은 책, p.170.
9) 같은 책, pp.168~71에서 발췌 인용.

2. 볼세비키 혁명 후 소련의 영화인들은 영상과 음악의 관계에 깊은 관심을 가졌다. 사진은 에이젠 슈테인의 유명한 <전함 포템킨>의 한 장면.

에서 보이듯, 에이젠슈테인은 평행주의에 대립적 형태로서 대위법의 중요성을 강조하지만, 그 중심은 여전히 시각적 형상들에 놓여 있다. 그들에게 있어서 음향은 시각적 이미지에 평행하느냐 대위적 위치에 있느냐에 의해서 위상이 결정된다. 다시 말해 의미는 시각적 이미지 안에 포함되며 음향이란 이미 그 곳에 존재하는 것을 강화하거나 변형시킬 수 있다는 전제 아래 전개된다.

푸도프킨의 경우 시각성이 '객관적인 사실'이고 청각성이 '주관적인 것'이라는 전통적 편견은 훨씬 직접적으로 드러난다. 그는 "(영상과 음악의) 비동시성이 토키 영화의 제1의 원리이다"라고 주장한 뒤, 그 실례로서 자신의 영화 <탈주자 *Deserter*>(1933)의 음악에 관해 다음과 같이 쓴다.

> 이 경우 어떤 것이 음악의 역할인가? 영상이 사건의 객관적인 인식인 것처럼, 음악도 그 사실(객관적인 사실)에 관한 주관적인 평가를 나타내야 하는 것이다. 실패할 때마다 투쟁하는 사람들은 마지막 승리를 위해 싸운다는 새로운 격려를 얻는 것을 음악은 관객에게 생각하도록 해야 한다.[10]

푸도프킨과 함께 선언문을 발표하고 같은 원칙을 가졌던 에이젠슈테인의 <알렉산더 네프스키>(1938)와 관련해 마르셀 마르탱은, 영상과 음향의 분리를 주장했음에도 거시적인 차원에서는 사실상 음악의 모티프가 영상과 일치한다고 밝혔다.

그의 유명한 <청각과 시각의 대위법>이라는 이론은 사실상 시각적인 효과와 음악의 모티프가 엄격하게 일치해야 한다는 확신에 토

---

10) 마르셀 마르탱, 《영상 언어》, 황왕수 옮김, 다보문화, 1993, p.171.

대를 두고 있다. 그에게 있어서는 음악이 들리는 경우에 영상도 연이어 등장해야만 한다. 그리고 영상의 절단을 위한 역학적인 모형으로서 역할을 하지 않으면 안 된다.[11]

즉, 에이젠슈테인에게 음악은 어떤 경우라도 영상으로부터 자유로울 수 없는 것이었다. 그 결과 야규 스미마로는 에이젠슈테인이 평행주의의 전형적 산물인 미키 마우싱[12]과 다른 방식으로 음악을 사용했음에도, 초기 할리우드의 미키 마우싱 방식을 영화 이론으로 승화시킨 인물이라고까지 지적한다.[13]

1947년에 테오도르 아도르노와 한스 아이슬러에 의해 시각성과 청각성의 특성에 관한 본질적 문제 제기가 있기까지, 영화 음악 이론들은 모두 에이젠슈테인과 마찬가지로 평행주의와 대위법 사이에서 이루어졌다.

초창기에 토키 영화를 반대하는 입장에 섰던 루돌프 아른하임은 1938년 논문 <새로운 라오콘: 예술적 합성물과 유성 영화>에서 역시 영상과 음향 사이의 평행주의를 강조했다. 그는, 드라마적 발전에 필요한 부분에만 다이얼로그를 사용하고 액션의 창조는 오로지 시각적 요소에만 의존하는 감독들의 오류를 지적했다. 즉, 시각적 이미지의 일종의 응축으로서 스피치가 필요하다는 것이다. 이어서 아른하임은 두 개의 완전하고 분리된 요소 — 시와 멜로디 — 사이의 평행주의가 마련될 때만 음악과 대사가 결합될 수 있다고 주장했다. 바로 그 때문에 음악이 무성 영화를

---

11) 같은 책, p.171.
12) 미키 마우싱에 대한 설명은 p.53을 참조하라.
13) 柳生すみまろ, ≪映畵音樂: その歷史と作曲家≫, 芳賀書店, 1985, p.60.

그렇게 효과적으로 '완성시킬' 수 있다는 것이다.[14] 이렇게 아른하임의 주장에서는 시각성을 완성시키는 '종속적 요소'로서의 음악이 강조되고, 대위법의 대립항으로서 평행주의가 강조되었다.

비슷한 시기의 이론가인 벨라 발라즈 역시 영화 음악의 기능에 관한 기술에서 평행주의와 대위법의 개념에 토대를 둔다.

> 그러므로 최근 유성 영화는 더 이상 영화 속에 보이는 열정을 제시하려 하지 않는다. 그 대신 그 영화에 평행성, 그리고 다른 음악적 표현을 주려 한다. 동일한 인간의 경험에 대한 영화에서의 시각적 반영과 음악에서의 청각적 표현은 따라서 서로에 대한 의존 관계 없이 평행하게 간다.[15]

지그프리트 크라카우어 역시 사운드의 사용을 분류하면서 평행주의와 대위법을 양 끝에 배치했다. 그는 사운드의 연장으로서 음악에도 비슷하게 접근했는데, 여기서도 아른하임과 발라즈에게서 보인 시각적 편향은 계속되었다. 그는 평행주의를 "그 영화가 지닌 특수한 분위기와 성향, 그리고 의미를 음악이라는 언어를 통해서 다시 설명하는 것"으로 정의했고, 반면에 대위법을 "영상이 전달하는 것과 다른 낯선 모티프"로 설명했다.[16]

이렇게 영화 음악을 평행주의와 대위법의 모델로서 설명하는 경향은, 영화가 시각 예술이라는 편향성이 계속되면서 최근까지도 계속된다.

---

14) Rudolf Arnheim, *Film as Art*, University of California Press, 1957, pp.209~16.
15) Kathryn Kalinak, *Settling the Score: Music and the Classical Hollywood Film*, The University of Wisconsin Press, 1992, p.25.
16) 같은 책, p.26.

이러한 고전적 모델에 근본적인 의문을 제기한 사람은, 앞에서 언급한 것처럼, 아도르노와 아이슬러였다. 1947년 작곡가인 아이슬러와 함께 쓴 ≪영화를 위한 작곡 Composing for the Films≫이라는 책에서 두 사람은 현대 사회에 내재한 시각적 편견을 이데올로기적 측면에서 비판했다. 두 사람은 시각과 객관성, 청각과 주관성을 동일시하는 19세기적 관념을 역전시켜, 진전된 자본주의 사회 내부의 시각적 편견은 사회가 상품을 통해 현실성을 구축한 결과라고 지적했다.

두 사람은 먼저 후기 산업 사회에서의 시각과 청각의 본질적 특성을 언급한다. 즉 "눈은 각각의 사물, 상품 그리고 실제적인 행위에 의해 변형될 수 있는 대상들로 이루어진 현실을 인지하는 데 익숙하게 된다. 따라서 눈은 선택적이고 능동적이다. 눈은 그것이 특이한 대상이건 혹은 합리적인 개념이건 간에 규정적인 것과 연관된다. 반면 귀는 부르주아적 합리화에 그렇게 쉽게 적응하지 않았으며 귀가 그와 같은 개별적인 것들을 파악하는 일은 더욱 어렵다. 그러므로 음악의 전문가가 아닌 사람들의 귀는 비규정적이고 수동적이다. 귀를 통한 감지는 부르주아 문명의 표식인 실제적인 합리화의 과정에 저항하는 데 있어서의 원시적이고 전前개인적인 집단성을 향한 퇴행을 포함한다."[17]

청각성은 이렇게 후기 산업 사회 가치들의 영속화에 저항적이기 때문에 상품 문화의 합리화를 역행시킬 수 있는 급진적 잠재력을 지닌다. 그러나 아도르노와 아이슬러는 음악(영화 음악)을 통해 그 잠재력을 현실화시킬 가능성에 대해서는 이견을 지녔다.

---

17) 김소영 편역, ≪헐리우드 / 프랑크푸르트≫, 시각과언어, 1994, pp.125~6.

이들의 이론은 실제적인 영화 음악의 발전에는 거의 영향을 주지 못했으나, 1980년대 이후 클로디아 고브만과 캐럴 플린 Caryl Flinn 을 중심으로 하는 영화 음악의 이데올로기적 연구에 영향을 주었다. 특히, 이지 리스닝 음악과 상업 영화의 배경 음악 사이의 기능적 유사성을 분석한 클로디아 고브만의 독자성은 아도르노와 아이슬러의 직접적인 영향을 보여 준다.

동시에 아도르노의 청각적 요소에 대한 이데올로기적 강조는 시각과 논리, 청각과 감정을 기계적으로 연결시키는 전통적 접근 방향에 변화를 가져왔다. 1975년에 어윈 바젤런은 ≪악보의 인식 *Knowing the Score*≫이라는 책에서 영화의 시각적 요소와 청각적 요소 사이의 근본적 특성 차이 때문에 전통적인 평행주의와 대위법의 대립은 무의미하다는 입장을 취했다. 그는 음악과 영상의 대응이란 가장 최선의 상태에서라도 모호성을 피할 수 없다고 말한다. 청각적인 음악은 리듬, 멜로디, 하모니, 오케스트레이션 등 형식적 요소에 의해 완벽하게 약호화될 수 있는 반면, 시각적인 영상은 움직임의 속도, 방향, 배경, 이미지 등을 음악처럼 약호화할 수 없기 때문이다.

이 연장선 위에서 1980년대 이후 영화 음악 연구의 또 하나의 방향이 설정된다. 즉, 평행주의와 대위법이라는 전통적인 모델에서 벗어나 새로운 가능성을 모색하려는 시도이다. 영화 음악의 고전 이론은 의미는 시각적 이미지에 담겨 있고, 음악은 그 의미를 강화하거나 변화시키는 기능을 한다는 전제에 의존한다. 그러나 실제로 영상과 음악은 상호 의존적이며, 때로는 전적으로 이미지가 음악에 영향을 주기도 한다. 제4장에서 살펴볼 고다르의 영화 <비브르 사 비>는 그 좋은 사례이다. 여기서 중요한 것은 음악과 영상과의 관계 대신에 다른 과정이 개입한다는 점이다. 즉, 내러티브 구축에 의해 음악이 의미화할 수 있는 가능성이 확대된다. 이렇게 내러티브는 시각적 요소에 의해서만 이루어지는 것이 아니며, 음악 또한 관객에게 내러티브적 정보를 전달한다. 1980년대 이후 영화 음악 연구들은 거의 음악과 영상과의 상호작용보다 음악과 내러티브의 관계에 주목한다.

이론 연구와 별개로 영화 음악의 역사를 기술하려는 시도는 영미권에서 1970년대부터 행해졌다. 그러나 아직까지도 영화 음악의 역사를 총괄하는 글은 거의 없다. 이 분야 최초의 중요한 서적은 1975년 로저 맨벨과 존 헌틀리가 쓴 ≪영화 음악의 기법 The Technic of Film Music≫이다. 이 책은 무성 영화 시기에서 시작해 초기 발성 영화 시기까지의 음악 경향을 논하지만, 통사라기보다는 제목에서 보이는 것처럼 영화 음악의 기법과 기능을 논하는 배경 정도로 역사를 피상적으로 기술한다.

1977년에 출간된 로이 프렌더가스트의 ≪영화 음악: 경시된 예술 Film Music: A Neglected Art≫은 영어로 된 책 가운데서는 가장 잘 알려진 것이다. 이 책 또한 순수한 역사서는 아니고 역사, 미학, 기법을 종합하고 있다. 프렌더가스트의 연구는 무성 영화 시대 부분은 뛰어난 반면, 할리우드 고전 영화 시대의 연구가 상대적으로 약하다. 그것은 영화 음악의 황금 시대가 기본적으로 뛰어난 작곡가들의 양산에 의해서 이루어진 측면에서 기인할 것이다. 또한 유럽의 영화 음악과 1970년대 이후 상황은 거의 언급되지 않는다. 그러나 스튜디오 시스템을 기반으로 하는 할리우드 전성기의 영화 음악을 산업적인 측면에서 접근하려 한 것은 이 책의 큰 장점이다.

그 밖에 1975년에 출간된 마크 에반스의 ≪사운드 트랙: 영화의 음악 *Soundtrack: The Music of the Movies*≫, 1975년에 출간된 어윈 바젤런의 ≪악보의 인식≫, 1997년에 출간된 게리 마모스타인의 ≪할리우드 랩소디: 1900년에서 1975년까지 영화 음악과 그 작곡가들 *Hollywood Rhapsody: Movie Music and its Makers 1900 to 1975*≫ 등 많은 서적들이 영화 음악의 역사를 담고 있지만, 예외 없이 작곡가 중심으로 서술하거나 단편적 사실들의 나열에 의존한다. 그 결과 영화 음악의 정치한 통사적 연구는 장차의 과제이기도 하다.

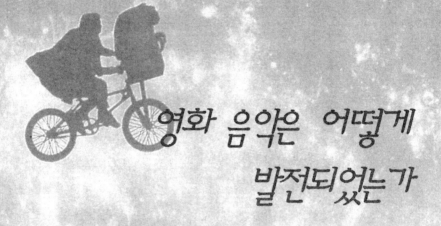

2

영화 음악은 어떻게
발전되었는가

1. 무성 영화 시대의 영화 음악

1) 무성 영화에 음악이 도입된 이유

영화 음악은 영화의 탄생과 함께 시작되었다. 1895년 12월 28일 프랑스 파리의 그랑 카페에서 루이 뤼미에르와 오귀스트 뤼미에르 형제에 의해 시네마토그래프 *cinématograph* 로 첫 영화가 상영되었을 때 이미 한 대의 피아노가 음악을 연주했다고 기록들은 밝힌다.[1] 뤼미에르 형제보다 일찍 키네토스코프 *kinetoscope* 를 발명한 토머스 에디슨이 한 사람만 볼 수 있는 이 기계에 각 작품마다 독특한 음악을 사용했을 가능성은 크지 않다.[2] 다만 에디슨이 일찍이 1889년에 사운드 영화(오늘날의 토키 영화)를 고안했다는 사실을 상기할 때, 그리고 1877년 레코드의 원형인 포노그래프 *phonograph* 를 이미 발명한 사실을 고려할 때 그가 영화와 음악을 동시에 보여 주려는 의도를 가졌을 가능성은 충분히 짐작할 수 있다.

시각적인 요소만을 가진 초창기 무성 영화에 청각적인 음악이 필요했던 이유는 무엇일까? 먼저 영화가 등장하기 전부터 음악은 연극을 비롯한 무대 예술과 긴밀한 관계를 가졌음을 상기할 필요가 있다. 뿐만 아니라 오페라는 물론이고 희가극이나 경가극 *vaudeville* 등 여러 목적을 위해 피아니스트나 관현악단이 극장에

---

1) 로저 맨벨·존 헌틀리, 《영화 음악의 기법》, 최창권 옮김, 영화진흥공사, 1987, p.26.

2) 에디슨이 활동 사진에 흥미를 느낀 것은, 정확히 말하면 이미 성공적이었던 윌리엄 로리 딕슨의 원통형 축음기에 시각적 부수물을 붙이려는 의도에서였다. 잭 엘리스, 《세계 영화사》, 변재란 옮김, 이론과실천, 1988, p.33.

전속으로 고용되었다. 이러한 습관에 근거한 욕구를 감안할 때 영화 음악의 출현은 당연한 일이기도 하다.

그렇지만 영화가 가진 기계적 특성을 고려할 때 좀더 실제적인 이유가 지적될 필요가 있다. 많은 연구가들은 아직 방음 시설이 마련되지 않은 상태에서 영사기에서 들리는 소음 및 관객들의 웅성거림을 가리기 위한 목적에서 영화 음악이 도입되었음을 지적한다. 그리고 이 지적은 큰 의문 없이 당연하게 받아들여졌다.

그러나 영화 음악이 지닌 '마술적 기능' 또한 일찍부터 설득력 있게 주장되었다. 1940년대에 한스 아이슬러가 쓴 것처럼, '마술적 기능'이란 무성 영화가 지닌 '유령 효과'에 대응하려는 데서 생긴 개념이다. 아이슬러는 순전한 시각 매체로서 영화가 마치 그림자놀이처럼 유령 효과를 가졌다고 지적한다. 화면 위에서 움직이는 그림자는 유령 같은 의미를 지닌다. 그리고 음악은 무의식적으로 두려움을 주는 이 악령을 달래는 기능을 한다는 것이다. 이 때 음악이란 공포스런 그림에 대한 일종의 해독제로서의 역할을 한다. 그래서 아이슬러는 무성 영화 초창기의 영화 음악의 존재가 마치 "어둠 속에서 휘파람을 불거나 노래하는 어린이와 같은 상황"이라고 말한다.[3]

커트 런던은 미학적 관점에서 흥미로운 지적을 덧붙인다. 그는 먼저 초창기에 영사기의 소음을 중화시키기 위한 방편으로서 음악이 도입됐다는 주장에 "왜 영사기의 소음이 거슬렸을까?"라는 반문에서 시작한다. 즉, 영화 음악의 존재에는 심리적·미학적 접근이 필연적이라는 입장이다. 그는 시간 예술로서의 영화는 리

---

3) Roy Prendergast, *Film Music: A Neglected Art*, Norton, 1977, p.4.

듬의 인식이 선행되어야 하는데, 이 때 청각적인 리듬 없이는 영화를 하나의 형태로서 이해하기 힘들었을 것이며, 따라서 "배경 음악으로서 음악의 필요성은 청각적 강세와 심오함을 주기 위함" 이었다고 주장한다.[4]

　　이상의 다양한 주장들에서 내릴 수 있는 결론은 영화 음악이 예술적 동기보다 실용적 동기에서 시작되었을 것이라는 사실이다. 동시에 이렇게 실용적인 관점에서 볼 때 왜 토키 영화가 시작된 이후 영화 음악 작곡가들이 '예술적인' 음악을 쓰기까지 그토록 오랜 시간이 걸렸는가를 부분적으로 설명해 준다.

2) 영화의 분위기를 중시하는 음악의 발전

초창기 대부분의 제작자나 감독들에게 영화 음악은 일종의 필요악으로 간주되었다. 그들은 개별적인 영화를 위해 특별한 음악을 작곡하는 대신 랙타임 *ragtime* 을 비롯한 가벼운 카페 음악에서 심오한 고전 음악까지 편의대로 사용했다. 오케스트라보다 피아노 음악이 더 일반적이었던 것도 이러한 경제성에서 비롯되었다. 동시에 피아노 반주는 오케스트라보다 영화의 분위기 변화에 수월하게 대응할 수 있다는 장점이 있다. 한 명의 피아니스트는 화면을 보면서 연주하는 것이 수월한 반면, 오케스트라는 그 점에서 훨씬 불리하다.

　　그러나 전체적으로 초창기 음악들은 영화의 드라마적 맥락에 세밀하게 대응하는 단계는 아니었다고 보는 것이 옳다. 프랑스의

---

4) 같은 책, p.4.

뤼미에르 형제에 이어 영국에서도 일찍이 1896년 2월에 런던의 폴리테크닉에서 시네마토그래프가 선을 보였고, 이 때부터 하모늄 *harmonium*[5]이 음악을 전해 주었다. 그리고 그로부터 스무 해 가까이 계속된 초창기 무성 영화들의 음악은 대부분 드라마적 의미는 거세된 채 단순한 배경 음악으로 기능했다. 레이철 로가 쓴 ≪영국 영화사 *1906~1914: The History of British Film*≫에서 볼 수 있듯이 흥행업자들은 싼 임금에 피아니스트들을 고용했고, 그 결과 독창적인 효과를 기대하기란 힘들었다.

> 이 시기에 있어서 중요한 음악은 대개 피아노 음악으로서 예술적인 의도가 아주 명확하게 표현되어 있었다. 그러나 피아니스트들의 고무적인 활동에도 불구하고 영화에 적합한 음악을 만들려는 시도는 거의 없었다. 피아니스트들은 오후 2시부터 11시까지 일하고 고작해야 주당 25~30실링의 보수를 받았으며, 오전에는 부업을 하는 경우가 종종 있었기 때문에 슈만의 <트로이메라이>에서 삐딱거리는 우스운 소리가 나고, 멘델스존의 <봄 노래>가 겨울 스포츠 장면을 연상시킨다 해도 그것은 조금도 놀라운 일이 아니었다. 즉흥 연주에 뛰어난 일부 피아니스트들은 주당 3파운드 정도를 받기도 했지만 어느 나이 어린 소녀의 경우처럼 겨우 15실링을 받는 사람도 있었다. 이러한 조건 아래 피아니스트들이 신곡을 구입하여 새로운 작품을 배운다거나 심지어 첫 상영에 앞서 미리 영화를 감상한다는 것은 거의 불가능한 일이었다.[6]

따라서 상업 영화 초기에 영화에 수반되는 음악의 성격을 결정한 것은 제작자나 감독이 아니라 배급업자들이었다. 영화 감독

---

5) 오르간 비슷한 건반 악기.

6) 맨벨 · 헌틀리, 앞의 책, p.26.

들이 자신들이 만든 영화의 흥행을 위해 동분서주해도 결국 흥행 성패 여부는 흥행업자의 손에 달려 있었다는 이야기다. 그들의 배려에 따라 음악이 영화의 진정한 일부가 될 수도 있었고, 영사기의 소음을 가리는 장식물이 될 수도 있었기 때문이다.

그러나 영화라는 새로운 매체가 가진 잠재력이 여러 각도에서 발견되면서 민감한 제작자들은 한 편의 영화에 대한 특별한 음악 사용에 관심을 가졌다. 특히 대형 극장을 중심으로 오케스트라 연주가 일반화되면서 음악은 점차 무성 영화와 직접 그리고 독창적으로 관계를 맺어 갔다.

영화에 드라마적으로 동기를 부여하는 것은 서구의 전통에서 낯선 일이 아니다. 일찍이 그리스 연극에서부터 음악은 중요한 요소로 수용되어 왔다. 멜로드라마 *melodrama* 라는 역사 깊은 용어 자체가 이미 '음악을 가진 드라마 *drama with music*'라는 어원을 가지고 있다.[7] 그리스 시대에 위대한 극작가란 따라서 시인, 배우, 작가일 뿐 아니라 작곡가이기도 했던 셈이다. 좀더 가까이 보면 서구인들에게는 오페라라는 낯익은 전통이 있었다. 그 유산은 영화 음악에 쉽게 접목될 수 있었다.

한 편의 영화를 위한 특수한 음악에 대한 생각은 1908년 프랑스에서 처음 성숙되었다. 이 해에 파리의 필름 다르 Film d'art 라는 영화사가 <기즈 공작의 암살 *L'Assassinat du Duc de Guise*>을 만들면서, 고전 음악 작곡가인 카미유 생상스에게 음악을 의뢰했다. 생상스의 작품 <현악기와 피아노 그리고 하모늄을 위한 음악 op. 128>은 이렇게 한 편의 영화를 위해 만들어졌다.[8]

---

7) Royal Brown, *Overtones and Undertones*, University of California Press, 1994, p.14.

다음 해인 1909년에 토머스 에디슨 영화사는 《음악을 위한 특별한 제안 Specific Suggestions for Music》을 간행했다. 그리고 미국 오하이오 주 클리블랜드의 한 음악 출판사에 의해 《샘 폭스 활동사진 음악집 Sam Fox Motion Picture Music Volumes》이 출간된 1913년경에 이르면, 극장의 오케스트라들은 화면에 전개되는 영화의 분위기나 드라마적 상황에 맞춘 음악들을 연주하는 것이 일반화되었다.

이렇게 영화의 분위기에 어울리는 음악을 분류, 정리한 서적들이 이후 무성 영화 시기를 통해 계속 출간되었는데, 가장 유명한 것이 독일 베를린에서 1919년에 간행된 《키노비블리오테크 Kinobibliothek》이다.[9] 작곡가 주세페 베체는 스타일과 분위기를 기준으로 많은 묘사적 음악을 작곡했고, 극장의 오케스트라들은 상영되는 영화 장면의 분위기에 따라 적합한 곡을 연주할 수 있었다.

3) 영화를 중심으로 하는 음악의 인식

비슷한 시기에 미국의 맥스 윙클러가 큐 시트 cue sheet 를 고안해 냈다. 프랑스에서 생상스가 <기즈 공작의 암살>이라는 특수한 영화를 위해서 작곡하는 등 유럽에서는 몇몇 새로운 시도가 행해졌지만, 미국의 경우 대부분 기존의 음악 악보를 가지고 상영되는 영화의 분위기에 맞추어 연주하였다. 따라서 같은 영화라도

---

8) 생상스의 <현악기와 피아노 그리고 하모늄을 위한 음악 op. 128>에 대한 자세한 분석은 한스 크리스찬 슈미트의 *Musik aktuell: Analysen, Beispielen, Kommentare Filmmusik*(1982)를 번역한 《영화 음악의 실제》, 강석희·김대웅 옮김, 영화진흥공사, 1992, pp.49~54를 참조하라.
9) 흔히 '키노테크'라고 부른다.

상영관에 따라서 다른 음악으로 연주되는 것이 보통이었다.

　뉴욕의 악보 출판사인 칼 피셔 회사의 종업원이었던 맥스 윙클러는 회사가 소유한 수많은 악보들을 분류해서 활용하는 방법을 생각해 냈다. 즉, 특정한 영화에 대한 음악 큐 시트를 먼저 만들어 극장 매니저, 피아니스트, 오케스트라 지휘자 등에게 보낸다면 악보 판매량이 획기적으로 늘 것이라는 생각이었다.

　윙클러는 상황에 맞는 곡명과 연주 시간 및 연주 속도 등을 명기한 견본 큐 시트를 만들어 유니버설 영화사의 뉴욕 사무실에 보내 모든 영화에 같은 식으로 큐 시트를 만들 수 있다고 이야기했다. 상영 극장 전부에 그 영화의 반주 음악을 미리 알려 줄 수 있고, 따라서 흥행에 도움이 될 수 있다고 판단한 유니버설측에서는 윙클러의 아이디어에 호감을 보이고 윙클러를 정식 직원으로 고용한 뒤 유니버설사의 모든 영화에 큐 시트를 만들었다. 그리고 이 방식은 유니버설에 상업적 성공을 가져다 주었다.

　윙클러가 이 때 사용한 음악은 대부분 베토벤, 모차르트, 그리그, 바흐, 베르디 등의 고전 음악에서 발췌한 곡들이었다. 영화의 드라마적 분위기에 맞추느라 그 음악들은 종종 여러 형태로 변형 사용되었다. 그 결과 때로는 우스꽝스러운 일도 생겼는데, 예를 들면 바그너와 멘델스존의 <결혼 행진곡>이 결혼식 장면뿐 아니라 부부 싸움 또는 이혼 장면에서도 사용되었다.[10]

　저작권법을 비롯한 여러 어려움에도 불구하고 맥스 윙클러가 도입한 방식은 특정한 영화 작품을 중심에 놓고 그 작품의 내러티브에 어울리는 고유의 반주 음악을 덧붙이려 했다는 점에서 진

---

10) Prendergast, 앞의 책, p.10.

일보한 방식이었다. 그가 사용한 '큐 시트' 방식은 이후 토키 영화가 발명될 때까지 보통 방식으로 정착되었다.

그러나 맥스 윙클러의 방식이 유일한 것은 아니었다. 영화의 대중적 인기가 높아지고 그에 따라 큰 극장의 오케스트라가 대형화하면서 음악의 중요성 또한 커져 갔다. 맥스 윙클러의 한정된 선곡에 의한 대량 생산 방식으로는 틀에 박힌 음악의 양산을 피할 수 없었고, 따라서 좀더 욕심 있는 음악 감독들은 화면에 전개되는 영화에 더욱 효과적인 음악을 스스로 선곡 사용하는 경우가 생겨났다. 이 창의적인 음악 감독들은 당연히 윙클러의 방식보다 주세페 베체의 《키노테크》의 경우를 선호했다. 자신의 취향에 따라 적절하다고 생각되는 음악을 연주할 수 있었기 때문이다.

당시에 음악 감독들이 음악을 사용하는 형식은 크게 두 가지로 분류된다. 이 구분은 유럽의 오페라 형식의 두 흐름과 대략 일치한다. 첫번째는 전통적인 오페라식으로 여러 곡들을 편집해 이용하는 방식이고, 두 번째는 바그너의 악극(樂劇, Musikdrama)식으로 라이트모티프[11]의 심리적 배열을 통한 방식이다. 토키 이후 할리우드 고전 영화 음악에 바그너의 음악이 끼친 영향은 대단히 큰 것으로, 이에 관해서는 다시 거론하겠지만, 당시는 전자의 경우가 훨씬 우세했다. 즉, 라이트모티프의 반복 대신에 다양한 음악들을 모자이크해 사용하는 방식을 더 많이 채택했다.

그러나 장면에서 장면으로의 이동을 매끄럽게 하는 것은 그들에게 여전히 중요한 문제였다. 그것은 《키노테크》에서의 선곡을 아무리 뛰어나게 한 경우라도 부딪치는 문제였고, 그 해결은

---

11) *leitmotiv* 는 반복 주제, 시도 동기, 유도 동기 등으로 번역 사용된다. 여기서는 '라이트모티프'로 표기한다.

극장에서 직접 연주를 하는 지휘자나 음악 감독의 몫이었다. 이 문제를 해결하기 위해 지휘자들은 기존 분위기 음악들의 연결 부분을 중심으로 스스로 작곡을 하기 시작했다. 이 연결 부분은 언뜻 보기에는 별로 중요하지 않은 요소로 생각되기 쉽지만 실제로는 영화 음악의 발전에서 큰 중요성을 지닌다. 다른 곡들의 편집 연주가 기성 음악의 대체물임에 반해 이 연결 부분들은 화면으로 보여지는 영화 자체에서 야기되는 감정에 의해 창조되는 음악이었기 때문이다.

이 모든 것은 영화 음악에 처음부터 부과되는 통일성 *uniformity* 기능의 결과였다. 요컨대 무성 영화 시대에 영화란 시각적 다양성과 음악적 통일성의 결합으로 이루어지는 것이었다. 이 음악의 통일성을 더 완전히 하기 위해선 역시 한 작품에 온전히 새로 작곡된 음악이 필요했다. 그러나 오리지널 음악의 작곡은 비용이 많이 든다는 점, 그리고 큰 극장 외에는 완벽한 오케스트라가 갖추어지지 않았다는 현실적인 한계 때문에 여전히 보편적인 방식이 되지 못했다. 한 영화를 위해 독창적인 음악이 작곡될 때에도 짧은 시간 안에 이루어져야 했다. 또한 이렇게 독자적으로 음악이 작곡된 경우라 해도 영화와 음악을 맞추어야 하는 동조(同調, *synchronization*)의 문제는 계속 남았다. 음향과 영상의 동조를 위해 다양한 시스템이 고안되기도 했지만 완벽한 것은 없었다. 이 문제가 완전히 해결되기 위해서는 토키의 발명을 기다려야 했다.

4) <국가의 탄생>, 그리고 무성 영화 음악의 걸작들

영화의 역사에서 데이비드 와크 그리피스 David Wark Griffith 가 차지하는 중요성은 잘 알려져 있다. 그는 "천재라는 이름에 걸맞는 창조성을 지닌 미국의 거의 유일한 감독"이라는 칭송에 어울리게 미국의 영화 발전뿐 아니라 전세계 영화 예술의 발전에 지대한 영향을 주었다. 이야기 구조의 확립부터 편집을 비롯한 테크닉의 창조까지 그가 남긴 영화적 유산은 오늘날까지도 소중하게 전수된다.

그런데 영화 음악의 발전에 그리피스가 끼친 공헌은 그리 주목받지 않는다. 그가 1915년에 감독한 대작 <국가의 탄생 The Birth of a Nation>의 음악 사용은 이후 무성 영화 시대 미국 영화의 하나의 표준으로서 큰 영향력을 행사한 기념비적인 것이었다.

이미 1913년에 영화 <베툴리아의 주디스 Judith of Bethulia>에서 그리피스는 독자적인 음악을 사용했다. 촬영 현장에서 배우들의 연기를 돕도록 분위기 음악을 연주하게 한 것이다. 그 때까지는 영화 제작 단계에서 음악에 관심을 두지 않았고, 극장에서 상영되는 시점에서 음악 감독이나 지휘자가 화면에 맞추어 연주하는 것이 상례였다. <베툴리아의 주디스>는 세트장에서 음악이 가진 정서적 효과를 이용한 첫 영화였다. 이후 촬영 세트장 혹은 로케이션 장소에서 음악가가 직접 연주를 하는 일이 잦아졌다. 그것은 활극보다 인물의 심리 변화를 강조하는 진지한 영화의 경우에 훨씬 많았는데, 등장 인물의 감정상의 변화 및 반응을 표정과 육체 언어(동작)를 통해 시각적으로 표현해야 하는 무성 영화 시대의 배우들에게 역할에 대한 감정 이입을 위한 중요한 수단으로서 활용되었다. 무성 영화의 또 다른 걸작 가운데 하나인 에리히 폰 스트로하임의 <그리드 *Greed*>(1925) 같은 영화도 데스 밸리에서 벌어지는 클라이맥스 장면을 촬영할 때에 바이올린 주자가 연주를 했다는 기록이 있다.[12]

<국가의 탄생>은 순수 음악적 측면에서는 그리 뛰어나다고 볼 수 없다. 사용된 음악의 대부분이 잘 알려진 고전 음악의 멜로디를 차용한 것이고, 영화를 위해서 새로이 작곡된 부분은, 요즘의 기준으로 보면 많지 않았다. 그러나 그 음악의 사용 방식이란 측면에서 본다면 아마도 최초의 걸작으로 꼽을 수 있을 것이다.

1915년 3월 뉴욕의 리버티 극장에서 공개된 <국가의 탄생>의 음악은 감독인 그리피스와 조셉 칼 브레일의 협력으로 이루어졌다. 선곡과 편곡은 두 사람이 공동으로 했고, 새로이 작곡된 부분은 브레일이 담당했다. 그리고 이 영화의 큰 성공 이후 이러한 방식은 미국 무성 영화의 하나의 모델을 제시하게 된다.

<국가의 탄생>에 사용된 음악의 목록을 살펴보면 당시뿐 아니라 최근까지도 흔히 들을 수 있는 고전 음악의 '스탠더드 넘버'들로 이루어졌음을 알 수 있다. 실상 <국가의 탄생>뿐 아니라 초기의 영화들이 관객들에게 익숙한 멜로디들을 즐겨 사용했던 것 같다. <국가의 탄생>에 사용된 고전 음악은 다음과 같다.

· 폰 주페: <경기병 서곡>
· 베버: 오페라 <마탄의 사수> 서곡
· 그리그: <페르귄트> 조곡 가운데 <산왕의 궁전에서>

---

12) 한스 크리스찬 슈미트, ≪영화 음악의 실제≫, 강석희·김대웅 옮김, 영화진흥공사, 1992, p.76.

3. 그리피스의 <국가의 탄생>은 대규모 오케스트라를 사용함으로써 영화 감상을 하나의 스펙터클로 만들었다.

· 벨리니: 오페라 <노르마> 서곡
· 바그너: <발퀴레>
· 차이코프스키: <1812년 서곡>
· 바그너: 오페라 <리엔치> 서곡
· 헤럴드: 오페라 <잠파> 서곡
· 하이든: <C장조 미사곡> 가운데 <글로리아>

　그 밖에도 <딕시 *Dixie*>와 같은 미국의 민요, <성조기 *Star Spangled Banner*>와 같은 송가頌歌 그리고 행진곡들이 사용되었고 브레일이 작곡한 멜로디도 당시의 기준으로는 상당 분량 사용되었다. 물론 고전 음악이 아닌 대중적인 음악들이 사용되는 경우에는 편곡에 의해 고전 음악풍으로 연주되었다. 그것은 전체적인 통일성을 중시했기 때문이기도 하지만, <호밀밭을 통해 오라 *Comin' Thro' the Rye*> 같은 경우 미국 남부의 무도회장 분위기를 내기 위한 목적으로 왈츠로 편곡되기도 했다.

　<국가의 탄생>은 영화를 위해 가장 치밀하게 구성된 최초의 음악으로 기록될 수 있을 것이다. 동시에 이 작품은 영화사상 처음으로 기존 관현악단에 맞먹는 대규모 오케스트라가 영화 음악을 반주함으로써 영화 감상이란 행위를 하나의 스펙터클로 만들었다.

　<국가의 탄생>이 이후의 영화들에 준 영향 가운데 또 다른 흥미로운 점은 <딕시>라든지 <성조기>처럼 특수한 지방색을 가진 음악을 적절한 시점에서 사용함으로써 관객들이 내러티브상 이해의 폭을 넓힐 수 있었다는 점이다.[13] 또한 이 영화에서부터 이미 디제시스적인 *diegetic* 음악과 비디제시스적인 *nondiegetic* 음악의

구분이 보인다는 점도 흥미롭다. 이야기 공간의 바깥에서 첨가된 분위기 음악이 지배적이던 무성 영화 초창기에, 내러티브의 내부 공간을 활용해 음악 효과를 창조하려는 시도는 주목할 만하다.

무성 영화 시대의 미국 걸작 영화들 대부분이 <국가의 탄생>과 같은 방식으로 음악을 사용한 반면, 오페라 및 고전 음악의 전통을 가지고 있는 유럽은 앞에서 언급한 <기즈 공작의 암살>에서처럼 유명 작곡가가 작품 전체를 대상으로 새로이 음악을 작곡하는 경우도 많았다. 물론 더 많은 작품들이 주세페 베체의 《키노테크》의 음악을 활용하였지만(예를 들면 F. W. 무르나우의 <마지막 사람 Der Letzte Mann> 같은 영화도 베체의 음악을 사용했다고 기록되어 있다), 미국에 비해 영화를 고급 예술로 받아들이는 경향이 강했던 관계로 명작곡가들에 의해 영화 음악이 만들어진 것도 적지 않았다. 이탈리아의 오페라 작곡가인 피에트로 마스카니 Pietro Mascagni 는 영화 <친구 L'Amica>와 <악마의 랩소디 Rapsodia Satanica>의 음악을 1915년에 작곡했고, 프랑스에서는 다리우스 미요 Darius Milhaud 가 1923년 마르셀 레르비에의 <비인간 L'Inhumaine>, 에릭 사티 Erik Satie 가 르네 클레르의 걸작 <막간 Entr'acte>, 그리고 아르튀르 오네게르 Arthur Honegger 가 아벨 강스의 <철로의 백장미 La Roue> 및 <나폴레옹 Napoleon>의 음악을 각각 작곡했다.

---

13) 로열 브라운은 이 점에 주목하면서 롤랑 바르트식으로 표현해 "수용자에게 정치적 신화학을 환기한다"고 말한다. Brown, 앞의 책, p.52.

2. 토키 시대의 개막과 할리우드 심포닉 사운드의 발전

1) 발성 영화의 시작

1927년 1월 6일 뉴욕의 워너 극장에서 〈재즈 싱어 *The Jazz Singer*〉
가 개봉되었고, 그것은 첫번째 발성 영화로서 이후의 영화 역사
를 바꾸어 갔다. 말하는 영화, 즉 토키가 가능했던 것은 물론 전
기와 통신 산업을 비롯한 당시 기술의 발전 때문이었다. 레코드
의 원형은 에디슨에 의해 이미 19세기 후반에 발명되었고, 1912년
경에는 콤팩트 디스크(CD)가 발명되기 전까지 보편화되었던 원반
형태의 레코드가 인기를 끌었다. 그리고 1920년에 미국의 대형 전
기 회사인 웨스팅 하우스에 의해 세계 최초의 상업 라디오 방송
이 시작되고, 이어서 1925년에는 라디오를 위한 마이크로폰과 증
폭기가 보편적으로 사용될 만큼 음향 테크놀로지는 발전을 거듭
해 갔다. 〈재즈 싱어〉를 만든 워너 브러더스사는 이 음향 테크
놀로지를 사용해 소리와 음악을 레코드에 기록한 뒤 재생하는 바
이타폰 시스템 Vitaphone system 에 의해 토키를 시도했다.

　사실 영화업계에서 토키의 발명은 무성 영화에 한계를 느끼
고 '말하는 영화'에 대한 필요성을 절감한 결과 이루어진 것이 아
니었다. 그것은 단지 1920년대 극장 건설 경쟁에서 뒤떨어진 워너
브러더스사가 '무심코' 시도해 본 결과였다. 〈재즈 싱어〉의 등
장 직전인 1926년 바이타폰을 부분적으로 사용한 첫 영화 〈돈
후안 *Don Juan*〉에서도 보인 것처럼, 워너 브러더스사는 여전히 무
성 영화를 만들고자 했을 뿐이며, 단지 초대형 극장에서의 음악
연주를 표준화하기 위해 음악을 레코드에 녹음해 재생하려 했다.[14]

<재즈 싱어>도 약 10분 정도에 걸친 노래와 발성을 제하면 음악 사용을 비롯한 모든 측면에서 무성 영화의 연장이었다.

그러나 이 <재즈 싱어>가 의외의 성공을 거두자 영화사들은 경쟁적으로 '말하는 영화'에 관심을 두게 되었다. 더욱이 레코드에 소리를 기록한 뒤 재생하는 바이타폰과 함께, 1920년대 들어 여러 형태로 시도되던 광학식 녹음이 완성되면서, 바이타폰이 지닌 동조(同調, synchronization)의 난점도 해결되는 길이 열렸다. 이 광학식 녹음 방식은 마이크가 소리의 진동을 전기 신호로 변환시킨 뒤 앰프로 다시 증폭시키고 그것을 전기 신호를 통해 광선의 움직임으로 바꾸어 영화 필름에 감광 기록하였다. 즉, 오늘날처럼 필름 왼쪽에 사운드 트랙을 부착시키는 시스템이었다.

폭스사가 워너에 대항해 1927년부터 전편 발성으로 폭스 영화 뉴스 Fox Movie Tone News 를 제작할 때 사용한 방식이 이 광학 시스템이었다. 그리고 1930년경부터 모든 영화사들이 이 광학적 방식을 채용하면서 사운드 트랙에 의한 토키 시대가 시작되고, 무성 영화 시대는 끝났다.

2) 토키의 초창기, 영화 음악에 대한 새로운 인식

새로운 테크놀로지가 도입되는 경우에 흔히 그러하듯, 사운드에 대해서도 많은 사람들이 처음부터 영화의 발전으로 본 것은 아니었다. 앙드레 바쟁이 그의 논문 <영화 언어의 진화>에서 쓴 것처럼, 무성 영화는 1928년 시점에서 미학적으로 그 정점에 놓여

---

14) Stephen Handzo, "The Golden Age of Film Music," *Cineaste*, vol. XXI, nos. 1~2, 1995, p.46 참조.

있었고 따라서 진지한 영화 감독들은 토키의 도래를 영화 예술의 종말로 간주했다.[15] 대표적으로 프랑스의 르네 클레르 같은 감독은 대사의 지속적인 재현으로서의 소리는 움직이는 그림을 통해 시각적으로 효과를 달성하고자 하는 매체로서의 영화의 특성을 강탈한 것이라고 주장했다. '말'들은 상상의 나래를 꺾었으며 사실적인 표현들은 다시 인습화할 것이라는 부정적인 견해였다.

좀더 실제적인 이유에서도 영화는 잠시 후퇴하는 듯이 보였다. 토키의 초기에는 여전히 구식 카메라를 사용했기 때문에, 움직일 때 나는 소리를 제거하기 위해선 카메라를 고정시킬 수밖에 없었다. 즉, 일시적으로 영화에서 카메라의 움직임 *camera movement* 이 사라진 것이다.

그러나 음악에만 한정해 볼 때, 대부분의 작곡가들은 토키가 가져온 제반 변화를 긍정적으로 생각했다. 그들은 음악이 영화 제작에 필수적이고 영향력 있는 역할을 할 것이라고 생각했다. 폴 로타 *Paul Rotha* 의 영화 몇 편의 음악을 담당한 클래런스 레이볼드 *Clarence Raybould* 는 "이제 음악을 영화에 성공적으로 맞추는 유일한 방법은 영화에 따라 특정한 음악이 작곡되는 것뿐"[16]이라고 이야기했다. 레이볼드의 견해를 비롯해 토키의 발명과 관련된 영화 음악의 낙관적 미래에 대한 기대감이 높아졌지만, 실상 이 모든 견해들은 영화가 먼저 예술이 되어야 한다는 추상적인 전제에 토대를 둔 것이었다. 영화 산업이란 예술 행위 이전에 상업 행위였고, 대중은 무엇보다도 영화를 통해 즐거움을 얻고 싶어했다. 특

---

15) 앙드레 바쟁, ≪영화란 무엇인가≫, 박상규 옮김, 시각과언어, 1998, p.87 참조.

16) Prendergast, 앞의 책, p.20.

히, 1차 대전 이후 본격적인 상업 영화의 전통을 강화한 미국의 경우에 대중의 이러한 요구는 무엇보다 강한 것이었다.

그래서 영화 산업은 <재즈 싱어>에서의 인간의 목소리에 이어 관객들이 요구한 다음 단계, 즉 노래를 주기 시작했다. 영화계에 뮤지컬 붐이 시작된 것은 예측 가능한 결과였고, 특히 브로드웨이의 존재로 인해 미국의 영화계는 가장 화려한 뮤지컬 시대를 맞았다. 그러나 토키 초창기의 기술적 문제들 때문에 그 기간은 길지 못했다. 더빙이나 재녹음 기술이 아직 도입되지 않은 상황에서 세트에 오케스트라를 동원해야만 했고, 당연히 시간 소모와 비용의 문제가 심각했기 때문이다. 그로 인해 뮤지컬 붐은 몇 년 지나면서 사라졌고 음악가들과 작곡가들은 해고되는 사태를 맞았다.

뮤지컬이 아닌 일반 극영화의 경우 역시 테크놀로지의 한계로 인해 음악 사용은 크게 두 종류로 나뉘었다. 무성 영화 시대처럼 대사는 거의 없이 영화 전편에 걸쳐 계속 분위기 음악을 들려 주는 방식과, 음악을 거의 사용하지 않고 대사와 음향을 중심으로 진행되는 방식이 그것이다. 배리 솔트가 지적하는 것처럼, "1932년까지 사운드 트랙에는 대사나 음악 가운데 어느 하나만 있었다. 예외적으로 두 가지가 동시에 녹음되는 경우에만 함께 존재하는 것이 가능했던"[17] 것이다. 당연히 음악에 대한 진지한 고려는 힘들었고, 그러는 가운데 음악을 사용하지 않는 발성 영화는 대중의 감성을 끌어가기가 힘들기 때문에 점차 대중의 관심에서 멀어져 갔다. 그 과정을 통해 제작자와 감독들은 발성 극영

---

17) Handzo, 앞의 글, p.47.

화 안에서 음악의 존재에 대한 필요성을 깊이 인식하게 되었다. 영화 감독들은 이제 작곡가들과 마찬가지로 새로운 시대의 영화에 대한 새로운 법칙들을 배워 가야만 했다. 그리고 이어지는 기술적 진보는 새로운 인력들의 창조적 시도를 가능하게 만들었다.

3) 영화 음악의 새 출발: 미키 마우싱과 맥스 스타이너의 <킹 콩>

1930년대에 들어서 더빙과 편집 기술이 향상되었고 따라서 촬영과 음악 녹음의 분리도 좀더 수월해졌다. 이 방식의 발전에 큰 역할을 한 사람은 애니메이션의 개척자인 월트 디즈니였다. 디즈니는 <재즈 싱어>가 나온 다음 해인 1929년에 첫 발성 애니메이션 <증기선 윌리 Steamboat Willy>를 발표했다. 미키 마우스가 탄생한 것도 이 영화에서였다. 이후 <실리 심포니 Silly Symphony> 시리즈를 만들면서 디즈니는 음악과 화면의 철저한 동조를 꾀했다. 이것은 필름 촬영을 완성한 후에 소리를 더빙함으로써 가능했다. 할리우드에서는 디즈니가 만들어 낸 이러한 방식, 즉 화면의 동작과 음악 및 음향 효과를 일치시키는 것을 '미키 마우싱 Mickey Mousing'이라 불렀다. 예를 들면 계단을 오르는 장면에서는 현악기의 피치카토, 바나나 껍질에 미끄러지는 경우는 피아노의 글리산도, 해골들이 갈비뼈로 연주하는 장면은 실로폰 소리로 일치시키는 방식이다.

　이 같은 디즈니의 '미키 마우싱' 방식을 극영화에 도입한 음악가가 맥스 스타이너 Max Steiner 이다. 1888년 오스트리아 빈 태생인 스타이너는 1929년에 RKO 영화사에 입사해 오케스트라의 지휘와 편곡을 담당함으로써 음악적 경력을 시작했다. 리하르트 바그너 음악의 숭배자였던 그는 극영화들이 보통 도입부와 결말에만 음악을 사용하고 중간에는 배제하는 경향에 불만을 가졌다. 당시 RKO의 제작 주임이었던 데이비드 O. 셀즈닉에게 재능을 인정받은 그는 <시마론 Cimarron>(1931)에 이어 1932년에 만든 <600만 교향곡 Symphony of Six Million>에서 바그너 음악의 특징을 도입해 주인공에게 하나의 테마 음악을 부여했고, 대사가 나오는 배경에도 음악을 흘리는 등 획기적인 실험을 했다. 물론 이것이 가능했던 것은 RKO가 다른 영화사보다 재녹음 re-recording 기술에서 앞섰기 때문이다. 뉴욕의 유태인 지역을 배경으로 한 이 영화에서 스타이너는 일부 유태 음악(<콜 니드라이>) 외에는 모두 새로 작곡했다.

그리고 1933년 미리언 쿠퍼 감독의 <킹 콩 King Kong>에서 맥스 스타이너는 다시 한 번 도약한다. 그는 여기서 영화 전편을 오리지널 음악으로 채웠고, 총길이 100분 가운데 68분에 걸쳐 음악을 사용했다. 또한 그는 킹 콩이 뉴욕 시내를 돌진하는 장면을 비롯해 여러 곳에서 디즈니의 '미키 마우싱' 방식을 사용해 감정을 고조시켰다. 그리고 바그너가 악극에서 음악을 만들어 가는 방식대로, 도입부는 다양한 테마를 교차시키면서 중후하게 시작하고, 킹 콩의 테마(5음계 중심의 원시적 느낌)와 여주인공 앤의 낭만적인 테마(왈츠 멜로디의 우아한 느낌) 등 주요 인물들에게 테마를 붙임으로써 역시 바그너식으로 라이트모티프를 활용했다. 스타이너는 8주에 걸쳐서 작곡한 이 음악들을 46인 오케스트라를 동원해 교향악 사운드 symphonic sound로 연주해 냈다.

이전까지 극영화에서 지배적이던 상황 설명 음악 대신에 등장 인물들의 심리 및 사태 발전에 따른 테마를 부여하고, 전편을 교향악 사운드로 구성해 가는 스타이너의 방식은 이후 30여 년 동안 할리우드 영화 음악의 정석으로 받아들여졌다. 그리고 스튜디오 시대의 할리우드 고전 영화 음악에 대한 바그너 음악의 큰 영향이 본격적으로 시작되었다. <킹 콩>은 전체 제작비 65만 달러 가운데 음악 제작에 5만 달러라는 큰 액수를 사용함으로써 제작자들에게 유성 극영화에서 음악의 중요성을 다시 한 번 인식시킨 작품이기도 했다.

맥스 스타이너와 함께 이 시기 할리우드 영화 음악의 틀을 세운 또 한 사람의 작곡가는 알프레드 뉴먼 Alfred Newman 이다. 1901년생으로 브로드웨이 지휘자 출신의 뉴먼은 UA 영화사에서 지휘자로서 경력을 시작했는데, 미키 마우싱을 능숙하게 활용하는 것을 비롯해 스타이너와 공통점이 많았다. 그는 1930년대 중반부터 20세기 폭스사에서 활약하면서, 워너 브러더스로 옮긴 스타이너와 함께 할리우드 영화 음악의 황금기를 열어 갔다. 뉴먼은 스타이너에 비해 좀더 가벼운 터치를 장기로 했으며 따라서 현악기의 사용이 돋보였다. 그는 후배 양성에도 힘을 기울여 데이비드 랙신, 버나드 허먼 Bernard Herrmann 등 이후 할리우드 일급 음악가들의 재능을 발굴했다.

할리우드 초창기의 중요한 작곡가를 또 한 사람 꼽는다면 에리히 볼프강 콘골트 Erich Wolfgang Korngold 일 것이다. 그는 1897년 오스트리아 태생으로 바그너, 리하르트 슈트라우스, 푸치니, 구스타프 말러 등 유럽 고전 음악의 환경 속에서 자란 음악가이다. 열네 살 때 첫번째 교향곡을 쓸 만큼 뛰어났던 그는 독일에 히틀러의 나치 정권이 들어선 뒤 '독일 문화의 재건'이란 기치 아래서 공격 대상이 되었다. 모더니스트와 유태인 음악가를 대상으로 행해진 이 공격을 피해 유태계인 그는 1934년 할리우드로 건너와 워너 브러더스의 영화 <한여름 밤의 꿈 A Mid Summer Night's Dream>

에서 멘델스존의 원곡을 편곡하는 일로 경력을 시작했다. 첫 음악에서부터 보였듯이, 그는 이후 <시 호크 *The Sea Hawk*>(1940) 등의 대표작을 통해 예외 없이 강한 사운드의 심포닉 사운드로 서곡을 시작했고, 화려한 금관 악기의 팡파르와 현악 멜로디를 선호하는 경향을 뚜렷이 나타냈다.

4) 고전 할리우드 영화 음악에 대한 바그너의 영향

고전 할리우드 영화 음악에 대한 19세기 오페라의 영향은 많은 학자들에 의해 지적되어 왔다. 고전 할리우드 영화의 특성을 내러티브 및 형식의 측면에서 깊이 있게 분석한 데이비드 보드웰도 이 시기 음악에 대한 바그너 오페라의 영향에 대해서 자신의 시각으로 논한다. 그는 음악을 할리우드 영화들이 중시하는 연속성을 가장 명확하게 부여하는 요소로 언급한 뒤에 이야기, 곧 내러티브를 위주로 하는 할리우드 영화가 음악을 하나의 내레이션으로 사용하기 위해, 가장 비슷한 형태인 19세기 오페라, 특히 바그너의 음악에서 많은 것을 끌어왔다고 말한다. 바그너의 음악은 음악의 내레이션으로서의 가능성을 극대화했고, 따라서 하모니와 리듬 그리고 '연속적인 멜로디'는 그의 악극에서의 동작들과 조응될 수 있으며, 라이트모티프는 등장 인물의 생각을 전달함으로써 상황들 사이의 평행 음조를 암시했고, 나아가 동작을 기대하게 하거나 아이러니를 만들어 내는 등의 기능을 한다는 것이다. 고전 할리우드 영화 음악은 라이트모티프의 예언적 사용, 아이러니적 기능 정도만을 제외하곤 바그너의 이러한 음악 사용법의 거의 모든 것을 차용했다고 주장한다.[18]

미국의 작곡가 로저 세션스는 바그너 음악의 화성 언어의 특성을 다음과 같이 이야기한다.

> 바흐나 모차르트에 있어서 '불협화음'은 '음악적인' 면과 '정서적인' 면에서 동시에 중요성을 지닌다. 그것은 19세기와 20세기 초 음악과 매우 큰 차이점을 지니는데, 19세기 이후 음악의 불협화음이 음악 진행의 유기적인 일부로서라기보다 오히려 개인적인 특성을 강하게 지닌다는 점 때문에 그러하다. 이러한 특성 변화에 바그너의 라이트모티프의 영향은 엄청난 것이다. 라이트모티프의 도입은 보통 음악적 필요성에서가 아니라 극적인 동기에서 이루어지고, 한번 도입되면 의식적으로 그 장면을 지배하면서 다른 요소들은 말소시키는 데까지 나아간다. 음악적인 일관성은, 수동적인 의미에서이긴 하지만, 바로 거기서 생겨난다. 디테일이 기본 줄기보다 더 중요해지고, 음악적 '테마' 자체가 그 테마의 발전보다 더 중요하게 된다. 바흐 시기의 음악에서 바로 그 역의 현상이 압도적으로 중시되었다는 중요한 사실을 사람들은 별로 주목하지 않는다.[19]

앞에서 살펴본 고전 할리우드 초기의 선구자들인 맥스 스타이너, 알프레드 뉴먼 그리고 에리히 볼프강 콘골트는 바로 이러한 변화가 일던 19세기 중후반의 관현악적 작법을 영화 속에서 그대로 실행한 것이다. 그들이 바그너를 비롯해 푸치니, 베르디 그리고 리하르트 슈트라우스의 오페라 음악 특성을 계승한 이유는 아마도 영화가 요구하는 극적인 문제들에 봉착했을 때, 이전에 오페라를 작곡할 때 이 작곡가들이 취한 해결 방식에 눈을 돌

---

18) David Bordwell, Janet Staiger, & Kristin Thompson, *The Classical Hollywood Cinema*, Routledge, 1985, pp.33~5.
19) Brown, 앞의 책, p.15.

렸기 때문일 것이다. 그리고 더 중요한 이유로, 관객들이 그 방식을 훨씬 쉽게 이해할 수 있었기 때문일 것이다.

그러나 오페라와 영화는 공통점만큼이나 차이점도 크다. 무엇보다 오페라에서는 기본적으로 연극의 요소보다 음악에 더 큰 비중이 놓이며(바그너 악극의 경우는 양면을 동시에 중시하긴 했어도), 반면 영화는 이야기가 중심이고 음악은 부수적인 역할을 한다. 그렇다면 왜 이 초기의 선구자들은 독자적인 방법을 고안하는 대신에 쉽게 이전 시대의 해결책을 사용하는 것으로 만족했을까? 그 답변은 아마도 경제적인 이유에서 찾을 수 있을 것이다. 영화, 특히 당시 할리우드의 영화들은 상업성이 극단적으로 중시된 예술이었고, 영화 음악은 영화 제작의 모든 요소들에서 가장 부차적인 것 가운데 하나였다. 또한 오페라 작곡가들이 펜과 악보만으로 상상력을 동원해 작곡할 수 있었던 반면, 영화 음악 작곡가는 늘 기본 편집이 완성된 이후에 시간 압박 속에서 작곡을 해야 했던 점도 무시할 수 없다.

5) 프랑스를 중심으로 한 동시기 유럽 영화 음악의 확립

이 시기 소련에서 영화 음악에 이론적으로, 그리고 실제 작품을 통해 빛나는 업적을 남긴 사람은 에이젠슈테인이다. 그는 1938년에 작곡가 프로코피에프와 함께 작업한 <알렉산더 네프스키 *Alexander Nevsky*>를 통해 영상과 음악의 완벽한 일치를 시도했다. 이 점에서 초기 할리우드의 '미키 마우싱' 기법을 영화 이론으로 승화시킨 사람이 에이젠슈테인이라는 지적은 설득력이 있다. <알렉산더 네프스키>에서 에이젠슈테인은 기존의 시각적 몽타주 이론에서 한 걸음 더 나아가 이미지의 공간적 조형과 사운드(음악)의 시간적 조형을 완전히 융합시켜 그의 '수직 몽타주' 이론을 실천하려 했다.

한편 같은 시기 서유럽, 특히 프랑스에서는 미국이나 소련의 경우와 달리 비교적 작은 프로덕션을 중심으로 영화 작가의 개성을 발휘하는 방향으로 영화 제작이 진행되었다. 집단주의를 대신하는 이러한 '개인주의적'인 제작 풍토 속에서 영화 음악도 각 음악가의 개성이 두드러지게 드러났다.

프랑스에서 1930년대에 눈에 띄는 활동을 한 사람은 모리스 조베르Maurice Jaubert 였다. 그가 목표로 한 음악은 미국이나 소련 영화의 경우와 정반대되는 것으로, 긴장을 강도 높게 조성하는 것이 아니라 오히려 정적인 분위기를 강조함으로써 복잡한 인간의 내면을 섬세하게 표현하는 것이었다. 조베르는 영화 감독이 카메라를 통해 그리는 세계, 즉 사진적 사실과 음악이 만들어 내는 심리적 세계는 일종의 대위법적 관계를 취하는 것이라고 생각했다. 말하자면 설명적이고 종속적인 음악 대신에 독자성을 지닌 표현 형태를 목표로 했다. 조베르는 르네 클레르(<파리제 *Quatorze Juillet*>, 1933, <최후의 억만 장자 *Le Dernier Milliardaire*>, 1934), 장 비고(<품행 제로 *Zéro de Conduite*>, 1933, <아탈랑트 호 *L'Atalante*>, 1934), 줄리앙 뒤비비에 (<무도회의 수첩 *Carnet de Bal*>, 1937), 마르셀 카르네(<안개 낀 항구 *Le Quai des Brumes*>, 1938, <북호텔 *Hôtel du Nord*>, 1938, <해는 떠오르고 *Le Jour se Lève*>, 1939) 등 1930년대 프랑스의 대표적 감독의 명작들의 음악을 담당했으나 1940년 2차 대전 참전 중 전사함으로써 경력을 마감했다.

이 당시 좀더 개성 있는 영화 음악을 제공한 사람은 조르주 오릭 Georges Auric 이었다. 그는 무성 영화기부터 프랑스 영화계에서

4. 모리스 조베르는 1930년대 프랑스 영화 황금기의 주역 가운데 한 사람이다. 사진은 그가 음악을
맡은 <품행 제로>.

활동한 음악가로 1920년대에는 아르튀르 오네게르, 다리우스 미요, 프랑시스 풀랑 Francis Poulenc 등과 유명한 '6인조 Les Six'를 결성해 전위적인 음악 활동의 전선에 서기도 했다.

조르주 오릭은 이들 동료들 가운데 가장 적극적으로 영화 음악 활동을 했다. 그는 일찍이 전위 영화 <시인의 피 Le Sang d'un Poète>(1930)에서부터 장 콕토와 콤비를 이루어 음악을 작곡했다. 장 콕토는 할리우드식의 미키 마우싱을 부정하고 영상과 음악의 단순한 일치 대신에 음악은 영상에서 분리되어 더 자유롭게 표현되어야 한다고 생각했고, 그 결과 <미녀와 야수 La Belle et la Bête>(1946), <오르페 Orphée>(1950) 등을 걸치는 장 콕토 / 조르주 오릭의 황금기를 만들었다. 특히, 장 콕토의 의도에 따라 조르주 오릭은 화면의 의미와 정반대되는 분위기의 음악을 작곡하는 등 실험성 강한 음악 사용을 시도해, 에이젠슈테인과 더불어 유럽 영화 음악의 전통에서 가장 중요한 인물이 되었다.

그 밖에도 프랑스 영화계에서는 장 르느와르의 <랑쥬 씨의 범죄 La Crime de M. Lange>(1935), <위대한 환상 La Grande Illusion>(1937), <게임의 규칙 La Règle du Jeu>(1939) 등의 영화에서 단조로운 단선율의 곡을 효과적으로 사용한 조제프 코스마 Joséph Cosma, 마르셀 카르네의 <인생 유전 Les Enfants du Paradis>(1945)의 음악을 담당한 모리스 티리에 Maurice Thirier 등이 활동했다.

3. 할리우드 영화 음악의 황금 시기

1) 영화 음악의 산업적 생산 방식의 확립

할리우드 영화 음악의 황금기는 대략 1935년경에 시작되어 1960년
대가 시작되면서 끝나게 된다. 이 기간을 '황금 시기'로 만든 것은
역시 탁월한 작곡가들의 연이은 탄생이다. 앞에서 살펴본 맥스 스
타이너, 알프레드 뉴먼, 에리히 볼프강 콘골트 등 고전적 대가들
의 활약에 이어 프란츠 왁스만 Franz Waxman, 버나드 허먼, 빅터 영
Victor Young, 미클로스 로자 Miklós Rózsa, 디미트리 티옴킨 Dimitri Tiomkin
등 명작곡가들이 등장해 '황금 시기'라는 표현에 걸맞는 걸작들을
계속 만들어 냈다.

　이 많은 음악가들의 탄생은 할리우드의 거대한 시스템 때문
에 가능했다. 미국에서 영화는 처음부터 자본주의적 생산 체계
안에서 대중 예술로서 발전했고, 미국 영화 산업이 이 값비싼 예
술을 안정적으로 공급하기 위해 채택한 방식은 스튜디오 시스템
이었다. 1930년대와 1940년대에 미국의 스튜디오들은 1년에 500편
이상의 극영화를 제작했다. 그리고 이 스튜디오 시스템의 집단적
성격은 영화 예술과 영화 산업 사이의 갈등을 필연적인 것으로
만들었다. 음악 분야에도 이 성격은 연장되었다. 즉, 1930년대와
1940년대 스튜디오 내부에서의 영화 음악 또한 산업 생산물의 성
격을 강하게 보였다.

　1920년대부터 형성된 다섯 개의 메이저 영화사(*big five*. 폭스, 파라
마운트, 워너 브러더스, MGM, RKO)와 소형 메이저 영화사 3개(*little three*.
유니버설, 유나이티드 아티스츠, 컬럼비아) 가운데, 레오 포브스틴 Leo

Forbstein의 주도 아래 1935년경 워너 브러더스사에 처음으로 음악부
music department가 생겨났다. 이어서 다른 스튜디오들도 음악 감독을
중심으로 하는 음악부를 세워 시스템 안에서 영화 음악들을 생산
했다.

프렌더가스트는 스튜디오 시스템 시기의 음악 분과가 지녔던
일반적 특성을 다음과 같이 설명한다.

· 스튜디오 안에서 음악부는 그 자체로 하나의 공장이었다. 스튜디
오 안에는 보통 음악 파트가 사용하는 건물이 있는데 여기에는 간
부들의 사무실, 작곡가의 작업실, 음악 도서실, 음악 녹음을 위한
사운드 스테이지 등이 있었다.

· 음악부는 더 세부적인 분과들로 구성되었다. 즉 간부들과 비서들
(장부계원, 도서관원 등), 리허설 피아니스트(작곡가 및 편곡자 등), 오케
스트라 단원들(필경사들, 교정자들 그리고 오케스트라 음악가들)이 모두
하나의 거대한 음악 파트를 이루었다. 모든 세부 작업들은 완전히
구분되었고 전체적으로 음악가 조합 Musician's Union에 의해 임금,
작업 시간, 노동 조건 등이 규제되었다.

· 음악부의 자율성은 제작자, 감독, 음향 기술자, 회계 감사관 등과
의 긴밀한 협력에 의해 통제되었다. 음악부의 최고 책임자는 유능
한 간부여야 했고, 예산 및 시간 스케줄을 잘 알고 있어야 했다. 동
시에 유능한 인재를 고용하고 다른 분과와 효율적인 관계를 유지해
야 했다. 이러한 책임을 수행하면서 동시에 작곡가 및 지휘자의 역
할도 수행해야 했다.[20]

이 음악부의 구조는 철저하게 분업화되었는데, 업무의 내용은
대략 다음과 같이 세 부문으로 나눌 수 있다.

---

20) Prendergast, 앞의 책, p.36.

5. 탁월한 작곡가들에 의해 할리우드 음악의 황금 시기가 탄생했다. 사진은 맥스 스타이너가 <킹 콩>의 음악을 녹음하는 장면.

(1) 제작 부문: 창작 활동을 전담하는 부문으로, 작곡가와 편곡자 그리고 지휘자가 주로 활동한다. 그리고 리허설을 위한 연주자들도 일부 참가한다.

(2) 녹음 부문: 큐 시트가 완성된 뒤 지휘자를 중심으로 음악인들이 연주하고, 엔지니어가 녹음을 한다. 음악 편곡 작업도 이에 해당한다.

(3) 관리 부문: 예산과 음악 저작권의 관리 그리고 악보와 음반, 뮤지컬 테이프 등과 관련된 라이브러리 업무를 담당한다. 또한 관리 부문은 계열사로서 외부에 음악 출판사 및 레코드 회사와의 창구 역할도 한다.[21]

할리우드는 이렇게 1930년대 중반부터 뉴욕, 내시빌에 필적하는 새로운 음악의 중심지로 떠올랐다. 이에 대응해 1938년 할리우드 스튜디오에 소속된 음악가들은 미국 음악가 연맹(American Musicians' Federation: AMF)의 로스앤젤레스 지부를 세워 세력을 키워 갔다. AMF는 고용의 안정화 및 노동 조건에 관한 감시를 했고, 1940년대 초에는 임금 인상을 위해 파업을 벌이기도 하는 등 힘을 발휘했다. AMF는 1944년에는 스튜디오와의 절충을 거듭한 뒤 음악가들을 연간 계약으로 고용하고 최소 인원에 대한 합의도 이루었다. 그 결과 MGM, 20세기 폭스, 워너 브러더스는 각각 50명, 파라마운트는 45명, 컬럼비아, RKO 그리고 유니버설은 각각 36명씩을, 리퍼블릭은 28명을 스튜디오 소속의 오케스트라 단원으로 연간 계약했다. 유나이티드 아티스츠를 통해 작품을 발표하는 인디펜던트 프로듀서의 경우도 각각 20~40명의 연주가를 역시 연간 계약으로 고용했다.

---

21) 柳生すみまろ, ≪映畵音樂: その歷史と作曲家≫, 芳賀書店, 1985, p.106.

2) 분업 시스템을 기반으로 한 각 스튜디오의 양상

토키 이후 여러 해 동안 경시되어 온 영화 음악은 각 스튜디오들
이 시스템을 확립한 이후 양산되면서 할리우드식 기준에 의한 표
준화의 길로 들어섰다.[22] 또한 음악가 조합의 위력이 커진 사실도
영화 음악의 유사화에 기여했다. 모든 스튜디오가 비슷한 유형의
오케스트라에 의한 음악을 영화에 부여했다. 특히, 1937년에서
1940년까지의 시기에는 작곡가의 개성이 드러나는 독창적인 영화
음악은 드물었다. 그러나 동시에 이 시기의 천편일률적 음악들은
당시 할리우드 영화 음악에 대한 미학적 기준, 요컨대 음악은 그
자체로서 관객의 관심을 끌면 안 된다는 기준, 그리고 개별적인
악기의 소리가 두드러지면 안 된다는 기준을 가장 훌륭히 충족시
키는 것이기도 했다.

이제 미국의 영화계는 세계에서 유일하게 다수의 '영화 음악
작곡가'를 보유하게 되었다. 버나드 허먼의 표현을 빌리자면 다른
나라에는 "때때로 영화를 위해 음악을 만들기도 하는 작곡가들"
이 존재함에 비해, 미국은 "영화 음악만을 전문적으로 작곡하는
작곡가들"이 존재하는 나라가 된 것이다.[23]

각 스튜디오의 음악부를 대표하는 음악 감독은 그 영화사에
소속된 개인 작곡가들에게 아주 중요했다. 음악 감독이 오케스트
라와의 사이에 가지는 신뢰감이나, 때로는 스튜디오 대표와의 사
이에 형성하는 관계들이 영화 음악의 품질과 수준에 큰 영향을

---

22) 할리우드 고전 영화 음악의 특징은 제3장의 "고전 할리우드 영화 음악
의 특성"을 참조하라.
23) Handzo, 앞의 글, p.48.

줄 수 있기 때문이다.

스튜디오 안에 독자적인 음악부를 처음으로 세운 것은 잭 워너가 대표로 있는 워너 브러더스였다.[24] 처음에는 레오 포브스틴이 음악 감독으로서 워너의 바이타폰 오케스트라 Vitaphone Orchestra 를 이끌었다. 그러나 영화 음악이 양적, 질적으로 성장하면서 포브스틴은 작곡과 지휘를 줄이는 대신, 볼프강 에리히 콘골트와 맥스 스타이너 등 당시의 거장을 연봉 계약으로 영입했다. 이것이 가능했던 것은 포브스틴이 잭 워너의 신뢰를 돈독히 받아 충분한 재원을 지원받았기 때문이다. 그 밖에도 작곡가 프란츠 왁스만이 워너와 관계를 맺었고, 명지휘자 레이 하인도르프 Ray Heindorf 도 워너에 소속되었다.

대릴 자누크가 대표로 있는 20세기 폭스는 1940년 알프레드 뉴먼을 음악 감독으로 영입하면서 워너에 이어 업계에서 두 번째로 큰 조직으로 부상했다. 알프레드 뉴먼은 라이오넬 뉴먼, 에밀 뉴먼 등 자신의 형제들을 모두 폭스사에 영입시켜 음악부를 이끌었으며 시릴 모크리지 Cyril Mockridge(존 포드, <황야의 결투 *My Darling Clementine*>, 1945), 데이비드 버톨프 David Buttolph(엘리아 카잔, <부메랑 *Boomerang*>, 1947)와 데이비드 랙신, 버나드 허먼 등의 명작곡가들과 함께 작업했다.

MGM에서는 허버트 스토자드 Herbert Stozard 가 음악 감독으로 있던 시기에 주로 멜로드라마를 위한 음악에서 걸작을 많이 만들었다(머빈 르로이, <애수 *Waterloo Bridge*>; 윌리엄 와일러, <미니버 부인 *Mrs.*

---

24) 이하 할리우드 스튜디오 음악부의 특성은 Gary Marmorstein, *Hollywood Rhapsody: Movie Music and its Makers 1900 to 1975*, Schirmer Books, 1997을 참조했다.

Minniver> 등). 그리고 그를 이은 조니 그린 Johnny Green 또한 비슷한 성향의 음악을 지향했다. 그러나 1939년부터 1954년까지 MGM의 간판 장르였던 뮤지컬을 주로 담당한 아서 프리드 Arther Freed 의 '프리드 단원 Freed Unit'은 스튜디오 내에서 독립을 유지하면서 명작 뮤지컬을 만들어 냈다.

파라마운트의 첫 음악 감독은 내트 핀스턴 Nat Finston 이었는데, 그는 에른스트 루비치의 코미디 명작을 대표로 하는 익살맞은 음악을 파라마운트의 주조로 만들었다. 그의 뒤를 이은 보리스 모로스 Boris Morros 는 1935년에서 1938년에 음악 감독을 맡으면서 영화라는 현대적인 매체는 현대적인 음악을 가져야 한다는 주장을 폈다. 그가 발굴한 명작곡가 조지 앤트하일 George Antheil 도 스트라빈스키와 쇤베르크의 음악적 연장 위에서 비슷한 주장을 했지만 실현되지 않았다. 오히려 파라마운트의 음악에 가장 큰 영향을 준 작곡가는 실험성 대신 전통적 스타일의 음악을 추구한 빅터 영 Victor Young 이었다. 보리스 모로스에 이어 음악 감독이 된 루이스 립스턴 Louis Lipstone 은 1939년 당시 세실 B. 드 밀의 영화 <유니언 퍼시픽 *Union Pacific*>의 음악을 담당하던 조지 앤트하일을 해고시켰고, 이후 드 밀의 영화 음악은 대부분 빅터 영이 담당하게 되었다.

해리 콘이 대표로 있던 컬럼비아의 음악 감독은 모리스 스톨로프 Morris Stoloff 였다. 그는 스스로 지휘와 작곡을 담당했고 1950년대에는 <지상에서 영원으로 *From Here to Eternity*>나 <피크닉 *Picnic*> 같은 명작도 만들어 냈다. 그러나 컬럼비아의 경우 외부의 작곡가들에게 의뢰한 음악은 주목을 받은 반면, 내부의 인력은 상대적으로 다른 스튜디오보다 뒤쳐졌다.

유니버설은 조셉 카겐슨 Joseph Kagenson 이 음악 감독으로 군림하면서 동료인 프랭크 스키너 Frank Skinner, 한스 솔터 Hans Salter 와 함께 유니버설의 대표적 장르인 공포 영화 음악을 많이 만들었다. 특히, 1939년의 작품 <프랑켄슈타인의 아들 Son of Frankenstein> 에서 사용된 악절들은 이후 유니버설의 싸구려 B급 공포 영화에 반복 사용되었다.

연속 서부극 horse opera 을 전문으로 만들던 리퍼블릭 스튜디오에서는 이탈리아 출신의 음악 감독 알베르토 콜롬보 Alberto Colombo 가 로시니풍의 경쾌한 리듬을 기반으로 한 서부극 템포 saddle tempo 를 고안해 냈고, 후임인 사이 퓨어 Cy Feuer 도 리퍼블릭만의 독특한 음악 스타일을 완성시켰다.

이런 식으로 1930년대 중후반에는 할리우드의 각 스튜디오마다 전체를 통솔하는 강력한 음악 감독 아래 전속 오케스트라 시스템을 확립했고, A급 스튜디오들은 10명 정도의 일류 작곡가들을 거느리고 있었다. 확립된 시스템 아래서 심포닉 사운드를 기반으로 영화 음악의 폭을 넓혔지만 아직 표준화 이상은 넘어서지 못했다. 이 점에서 1937년부터 1940년까지의 기간을 한조는 '성공적 실패의 시기 the era of successful failure'라고 부른다.[25]

3) 미클로스 로자와 프란츠 왁스만 그리고 디미트리 티옴킨의 등장

스튜디오 시스템이 이룩한 표준화를 기반으로, 이어지는 1940년대와 1950년대의 영화 음악을 꽃피운 것은 새롭게 등장한 작곡가들

---

25) Handzo, 앞의 글, p.49.

의 역량에 의해서였다. 앞에서 쓴 것처럼 오케스트라에 의한 심 포닉 사운드를 할리우드에 정착시키는 데는 맥스 스타이너, 알프 레드 뉴먼 그리고 볼프강 에리히 콘골트의 영향이 컸다. 그리고 이 세 사람은 할리우드 영화 음악의 고전적 대가로서 오랫동안 군림했다.

이 세 거장에 의해 이룩된 할리우드의 음악에 새로운 바람을 불어넣고 영화 음악의 새로운 장을 열어 간 최초의 인물은 미클 로스 로자였다. 헝가리 태생의 그는 헝가리 민족 음악의 영향이 돋보이는 5음계를 사용함으로써 미국 영화 음악에 이국적 선율을 도입했다.

초기 스튜디오 시기의 영화 음악에 순수 음악적인 면에서 가 장 큰 영향을 준 나라는 독일이었다.[26] 미클로스 로자는 독일풍의 음악과 다른 배경을 가지고 등장했다. 1934년에 프랑스 파리에서 오네게르를 만나 영화 음악에 관심을 가지게 된 미클로스 로자는 헝가리의 민요적 감수성을 기반으로 작곡과 편곡을 했고, 1940년 에 미국으로 건너온 후에도 그 취향은 계속되었다.

미클로스 로자는 당시 할리우드에서 영화 음악에 적용되던 표준화된 '공장제 방식'에 비판적이었다. 그리고 그는 할리우드가 매우 보수적인 곳으로, 자신처럼 유럽에서 이미 명성을 얻은 신 인은 싫어한다는 것을 금세 알았다.

---

26) 반면 독일 정권은 당시의 할리우드 음악이, 뉴욕의 브로드웨이 뮤지컬 에서처럼 유태적이라고 간주했다. 사실 할리우드의 유태계 거물들은 독일의 히틀러나 소련의 스탈린과 크게 다르지 않은 음악적 취향을 지녔다. 재즈라 든지 불협화음 등은 대부분 선호하지 않았고, 음악이란 멜로디 중심적이며 전통에 뿌리를 두어야 한다고 생각했다.

유럽에서는 음악 공부를 먼저 한다. 그리고 고전 음악에 대한 훈련을 오랜 시간 받고 난 후에야 영화 음악계에 직업을 얻을 수가 있다. 그러나 할리우드의 영악한 친구들은 먼저 재빠르게 직업을 얻고 난 후에야 공부를 시작한다.[27]

할리우드에서 미클로스 로자가 처음으로 맡은 영화는 알렉산더 코다 감독의 <바그다드의 도둑 The Thief of Bagdad>(1940)이었다. 여기서 미클로스 로자는 민속적 감성이 밴 이국적인 음악을 사용해 주목받았다. 이어서 그는 심리 드라마가 많이 등장하던 1940년대에는 영화의 내용과 어울리는 심리적 음악 사용으로 자신의 능력을 발휘했다. 이런 경향의 영화로 그가 담당한 첫번째 작품은 파라마운트에서 빌리 와일더 감독과 함께 만든 <이중 배상 Double Indemnity>(1944)이었다. 필름 느와르의 명작으로 꼽히는 이 영화에서 로자는 단순히 영화의 드라마적 배경을 위해서 음악을 만드는 대신 등장 인물의 심리를 그리는 음악 사용을 시도해 효과를 높였다. 로자는 다음 해인 1945년 서스펜스를 동반한 심리 드라마의 음악을 작곡해 아카데미상을 받았는데, 그 작품은 알프레드 히치콕 감독의 <백색의 공포 Spellbound>였다. 특히 그는 살바도르 달리가 미술을 맡은 꿈 장면에서, 공포와 신비로움을 강조하기 위해 일종의 전자 악기인 텔레민(오늘날의 신시사이저)을 사용해 주목받았다. 같은 해 빌리 와일더 감독이 만든 명작 <잃어버린 주말 The Lost Weekend>에서도 그는 주인공(레이 밀란드)이 자신이 알코올 중독자임을 발견하는 장면에서 텔레민을 사용했다.

미클로스 로자는 1940년대 후반에는 <살인자 The Killers>(1946,

27) Handzo, 앞의 글, p.51에서 재인용.

로버트 시오드막), <폭력 Brute Force>(1947, 줄스 다신), <빌기벗은 도시 The Naked City>(1948, 줄스 다신) 등 범죄 / 느와르 영화를 통해 그 때까지의 감상적인 음악에서 탈피해 폭력적인 범죄 장면에서 강한 음량의 사운드를 사실적으로 사용했다. 이로써 그는 천편일률적인 심포닉 사운드의 사용에서 한 걸음 나아가 영화의 내러티브에 합치하는 독특한 음악 사용의 전통을 만들었다.

미클로스 로자와 함께 1940년대 할리우드 음악의 발전에 공헌한 음악가는 프란츠 왁스만과 디미트리 티옴킨이다. 프란츠 왁스만은 독일의 우파 영화사에서 <탄식하는 천사 Der Blaue Engel> 등의 음악을 담당한 뒤 1934년 미국으로 왔다. 유태인이라는 이유로 베를린에서 군중에게 린치를 당한 후의 일이었다. 먼저 유니버설에서 제임스 웨일 감독의 <프랑켄슈타인의 신부 The Bride of Frankenstein>(1935)의 음악을 작곡해 주목받은 그는 MGM에서 알프레드 히치콕의 <레베카 Rebecca>로 1940년대를 시작했다. <레베카>에서 그는 <프랑켄슈타인의 신부>에서처럼 라이트모티프를 중심으로 작곡을 했지만, 단순히 특정한 등장 인물과 테마를 일치시키는 데서 더 나아가, 화면에 한번도 보이지 않으면서 영화의 내용을 지배하는 인물인 레베카를 음악으로 상징했다.

전체적으로 프란츠 왁스만의 음악은 콘골트의 전통의 연장 위에 있지만, 콘골트보다 대위법적인 전개와 불협화음의 사용이 두드러졌다. 그는 1943년 워너 브러더스에 들어가 에리히 볼프강 콘골트, 맥스 스타이너와 함께 대표적인 작곡가로 활동했다. 1940년대를 통해 왁스만은 전자 바이올린을 사용하고, 재즈와 현대 음악의 기법을 도입하는 등 음악의 영역을 넓혔고, 1950년대 들면서 <선셋 대로 Sunset Boulevard>를 비롯한 빌리 와일더의 영화 음악을 작곡하면서 전성기를 맞았다.

디미트리 티옴킨은 러시아의 페테르부르크에서 성장한 피아 니스트 겸 작곡가로 할리우드에는 1929년에 왔다. 그는 풍부한 오 케스트라 사운드를 기반으로 매끄러운 멜로디를 중시하는 작곡가 였다. 그는 고전 음악에서는 특히 차이코프스키의 영향을 많이 받았다. 1940년대 그의 특징이 잘 나타나는 영화로는 <백주의 결 투 *Duel in the Sun*>(1946)를 들 수 있다. 이 영화는 매끄러운 멜로디 들로 가득 차 있는데, 특히 중요한 장면에서는 특징적인 모티프 를 기반으로 음악이 전개되었다. 주인공 제니퍼 존스와 그레고리 펙의 사랑 장면을 위해 티옴킨은 '사랑의 테마'를 특별히 작곡했 는데, 이후 많은 할리우드의 영화들이 같은 방식의 '사랑의 테마' 를 만들었다.

4) 버나드 허먼의 독자적 음악 세계

오슨 웰스의 <시민 케인 *Citizen Kane*>(1941)은 영화의 역사에서 하 나의 전환점을 이룬다. 이 영화는 주제, 이야기 구조, 촬영, 편집 등 모든 차원에서 기존의 영화와 명확히 구분되는 문제작으로서 이후 오랫동안 분석되었다. 그러나 영화 음악의 측면에서도 <시 민 케인>은 이전과 전혀 다른 방식으로 새로운 가능성을 보여 준 중요한 작품이다. <시민 케인>의 음악을 담당한 버나드 허먼 은, 오슨 웰스처럼, 이후 당대 할리우드의 모든 동료들과 차별되 는 독자적인 세계를 구축해 갔다. 그 결과 그는 역시 오슨 웰스 처럼, 영화 음악의 '귀재'로 불리게 되었다.

버나드 허먼 영화 음악의 독자성은 무엇보다 그가 철저하게

6. 버나드 허먼이 <시민 케인> 음악 녹음 중 오슨 웰스와 상의하는 모습.

개인적인 음악 작업을 한다는 점에 있었다. 그는 영화 음악을 고도의 창조적인 작업으로 인식하고 작곡을 비롯한 각 단계에 외부의 통제가 개입하는 것을 용납하지 않았다. 뿐만 아니라 허먼은 당시의 일반적인 경향과 달리, 작곡뿐 아니라 오케스트레이션까지 스스로 책임지고 해내야 한다고 주장했다.[28]

허먼의 독자성은 이러한 작업 방식에만 있는 것이 아니었다. 개인적인 방식의 결과로 등장한 음악들도 모두 당시 보통의 할리우드 음악들과 명확히 차별화되었다. 뉴욕 출신으로 10대 때부터 이미 작곡과 오케스트라 지휘를 시작한 허먼은 1930년대 CBS 방송국에서 본격적인 음악 경력을 쌓아 갔다. 여기서 만난 오슨 웰스와 라디오 방송극을 통해 친교를 쌓은 그는 오슨 웰스의 첫 영화에서 라디오 드라마 테크닉을 영화로 전환하기 위한 실험에 동참했다. 기본적으로 라디오 방송극은 대사, 효과음 그리고 음악의 사운드 몽타주 *sound montage* 를 통해 하나의 세계를 구축해 간다. <시민 케인>에서 감독 웰스와 작곡가 허먼은 같은 방식에 기반을 두고 영화를 만들었다. 그래서 음악이 효과음으로 사용되는 경우도 많았고, 숏이 바뀔 때 음량이 변화하는 경우도 등장했다.

12주 동안 작업한 <시민 케인>에서 버나드 허먼이 보인 독자성은 분명했다. 먼저 그는 인물 중심의 라이트모티프 사용을 거

28) 당시 할리우드에서는 작곡가와 별개로 오케스트레이터가 있었다. 도제 방식을 기본으로 했기 때문에 보통 먼저 편곡과 지휘로 경력을 쌓은 다음 작곡을 시작했다. 그리고 작곡가가 된 뒤에는 오케스트레이터를 아래에 두고 분업을 행했다. 거장인 콘골트도 오케스트레이터를 따로 두었으며, 맥스 스타이너-슈고 프리드호퍼, 알프레드 뉴먼-에드워드 파웰, 프란츠 왁스만-리오니드 래브, 미클로스 로자-유진 자도르, 빅터 영-리오 슈켄 하는 식으로 작곡가는 오케스트레이터와 콤비가 되어 작업을 나누어 했다. 같은 글, p.51.

부하고 대신 영화의 극적 맥락 속에서 테마를 추출해 냈다. <시민 케인>에서 그가 추출한 테마는 케인의 권력 그리고 수수께끼에 싸인 단어 '로즈버드'이다. 이 두 테마를 상징하는 음악은 영화가 시작하자마자 등장해 마지막 장면까지 곡조와 리듬 그리고 스타일을 바꾸면서 반복 연주된다. 또한 허먼은 보통의 경우처럼 영화의 장면마다 음악을 꽉 채워 넣는 방식을 피했다. 그 대신 시간에 대한 정확한 감각에 의존해 어느 순간에 음악을 쓰고 어느 때에 사용을 자제해야 하는가를 면밀하게 계산했다. 그 결과 <시민 케인>에서의 허먼의 음악은 연결 장치로서, 때로는 카메라를 대신한 인물에 대한 코멘트로서, 그리고 때로는 몽타주로서 기능하면서 음악이 내러티브로서 사용될 수 있는 가능성을 제시했다.

<시민 케인>에서 보인 버나드 허먼의 독자성은 이어지는 영화 <돈이 살 수 있는 모든 것 *All That Money Can Buy*>(1941)[29]에서도 일관되게 보여졌다. 그리고 역시 오슨 웰스의 영화 <위대한 앰버슨 가 *The Magnificent Ambersons*>(1942), <제인 에어 *Jane Eyre*>(1944)를 거치면서 허먼은 자신의 영역을 확고히 했다.

버나드 허먼 음악의 독자성은 그가 의존하는 고전 음악 작곡가들을 살펴볼 때에 확연히 드러난다. 허먼은 당대의 동료들처럼 바그너나 리하르트 슈트라우스, 혹은 차이코프스키 대신에 북유럽의 차갑고 어두운 색채를 드러내는 얀 시벨리우스나 한가롭고 시정詩情 넘치는 음악을 특징으로 하는 영국 출신의 프레데릭 딜리어스Frederic Delius에게서 자신의 음악의 원형을 끌어 냈다.

허먼은 비타협적인 고집과 개성 때문에 1947년경부터 1950년

---

29) 윌리엄 디털리 감독의 이 영화로 허먼은 신인으로서는 드물게 아카데미상을 받았다.

대 초까지 할리우드에서 외면당했다. 단 한 편의 영화 음악도 만들지 못한 이 기간에 그는 오페라 <폭풍의 언덕>을 작곡하는 등 순수 음악 활동을 했다.

버나드 허먼이 다시 능력을 발휘하는 것은 1955년 <해리의 곤경 *The Trouble with Harry*>에서 알프레드 히치콕과 손을 잡으면서였다. <현기증 *Vertigo*>(1958), <북북서로 진로를 돌려라 *North by Northwest*>(1959), <사이코 *Psycho*>(1960) 등에서 시작해 마지막 작품인 마틴 스콜세지 감독의 <택시 드라이버 *Taxi Driver*>(1976)에 이르기까지 버나드 허먼은 풍부한 사전 지식과 소리에 대한 탁월한 감수성으로 뛰어난 영화 음악을 만들었다. 영화 음악은 장식용이 아니라 드라마의 맥락 안에서 테마와 대화해야 한다는 고집을 견지하며 외부의 압력에 굴복하지 않은 버나드 허먼은 담당 작품의 대부분이 영화의 역사를 통해 고전으로 평가되는 영예를 누렸다. 1940년대 버나드 허먼의 등장은 영화 음악의 역사를 통해 중요한 사건이었다.

5) 기술의 진보와 사운드 트랙 앨범의 보급

1940년대에는 개성 있는 작곡가들의 등장 외에도 영화사적으로 그리고 사회 경제적으로 여러 가지 변화가 있었다.

우선 제2차 대전 중 유럽에서 많은 영화인들이 미국으로 건너왔다. 영화 음악계도 이런 변화의 영향을 받았는데, 미클로스 로자의 경우에서 보였듯이 할리우드의 영화 음악은 좀더 국제적인 분위기를 흡수해 갔다. 브레히트 각본으로 프리츠 랑이 감독한 <사형 집행인 또한 죽는다 *Hangman Also Die*>의 음악을 맡은 한스 아이슬러 Hanns Eisler 나, 장 르느와르의 <하녀의 일기 *Diary of a Chamber-*

maid>의 미셸 미슐레 Michel Michelet 의 경우가 대표적이었는데, 이들의 음악은 할리우드의 전통과는 낯선 유럽의 음악을 이식한 느낌을 분명히 주었다.

한편 뮤지컬이 많이 제작되면서 영화 음악의 주된 흐름과는 별개의 형태로 다양한 음악이 수용되었고, 특히 음악가들의 전기를 다룬 극영화들은 다른 극영화들과는 달리 고전 음악을 중심으로 진행되는 특성을 보였다. 이렇게 특수한 종류의 음악 영화를 위해서 콘골트는 첼로 협주곡을 만들기도 했고(<위선 *Deception*>), 버나드 허먼은 피아노 협주곡을 작곡했다(<행오버 광장 *Hangover Square*>).

이 시기에 전성기를 맞은 필름 느와르 장르는 영화 음악가들에게 창조성을 발휘하기 위한 기회를 주었다. 주로 범죄와 관련된 이야기들을 풀어 나가는 필름 느와르 영화들은 등장 인물들의 심리 변화, 특히 불안감의 표현을 중시했기 때문에 영화 음악도 불협화음 및 무조성(無調性, *atonal*)을 비롯한 현대 음악의 기법들을 수월하게 수용했다.

그러나 2차 대전 직후 영화 음악 발전 양상에 더 큰 변화를 준 기술 및 사회적 변화를 지적할 필요가 있다. 먼저 파라마운트 스튜디오가 1940년 월트 디즈니의 영화 <판타지아 *Fantasia*>에서 사용된 야외 음악당 스테이지를 흡수한 사실을 들 수 있다.[30] 파라마운트사는 이로써 더 큰 규모의 오케스트라에 의해 음악의 질 향상을 이룰 수 있었다. 웨스턴 일렉트릭사는 1941년에 개발된 RCA의 팬터사운드 Fantasound 에 맞서기 위한 신기술인 옵티컬 스테레오 사운드 시스템 *optical stereophonic sound system* 을 선보였다. 폭스사

---

30) Christopher Lyon (ed.), *The MacMillan Dictionary of Films and Filmmakers*, MacMillan, 1984, p.151.

의 알프레드 뉴먼은 2개의 채널로 음악 트랙을 녹음하기 시작했다. 리퍼블릭사는 1945년 RCA의 기술에 의한 음악 녹음 스테이지를 세웠고, 이것은 당시 할리우드 영화업계에서 가장 훌륭한 스테이지로 꼽혔다. 그리고 1949년 비용을 절감하면서 향상된 음질을 재생하는 마그네틱 트랙이 새로 등장했다.

기술상의 진보와 함께 1940년대에는 영화 음악의 위상을 높인 또 다른 변화들이 있었다. 1941년에 영화 음악 애호가를 위한 <영화 음악 노트 *Film Music Note*>라는 정보지가 창간되었다. 이 정보지는 이름만 바뀌면서 1958년까지 계속 발행되었다. 그리고 비슷한 시기에 음악가 아론 코플랜드 Aaron Copland 는 '영화를 위한 음악 조곡 *Music for Movies*'이라는 명칭으로 3편의 영화 음악 악보를 가지고 콘서트를 열었다.

1943년에는 데카 레코드의 78회전 음반에 사운드 트랙이 녹음 판매되기 시작했다. 높은 가격에도 불구하고 알프레드 뉴먼의 <성처녀 *Song of Bernadette*>와 빅터 영의 <누구를 위하여 좋은 울리나 *For Whom the Bell Tolls*> 등 인기 영화의 사운드 트랙 앨범은 독자적인 상품으로서 일반에게 보급되기 시작했다.

이렇게 영화 음악의 향상을 위한 기술적·사회적 여건들이 성숙함에 따라 1940년대 말경에 할리우드의 영화 음악은 다양화·복잡화의 방향으로 나아갔다.

6) 영화 음악 발전 속의 엘리아 카잔의 위상

1950년대 영화 음악 발전에 가장 큰 영향을 준 사람은 감독 엘리아 카잔이었다. 그는 <욕망이라는 이름의 전차 *A Streetcar Named*

Desire>(1951)와 <워터프런트 *On the Waterfront*>(1954), 그리고 <에덴의 동쪽 *East of Eden*>(1955)을 통해 의욕적인 신인들을 영입해 영화 음악에 변화를 가져왔다.

<욕망이라는 이름의 전차>에서 엘리아 카잔은 워너 브러더스 음악부의 반대를 무릅쓰고 음악 감독으로 알렉스 노스 Alex North 를 기용했다. 영화 음악을 처음으로 담당한 알렉스 노스는 이 영화에 과감하게 재즈와 블루스를 도입했다. 물론 <욕망이라는 이름의 전차>가 재즈를 사용한 첫 영화는 아니었다. 1년 전 <새장에 갇혀 *Caged*>(1950)에서 맥스 스타이너가 영화의 마지막 장면에서 부분적으로 재즈를 사용했다. 그러나 고전적 영화 음악의 구조는 지키면서도 영화 전체를 재즈 음악에 기반을 두고 구성한 것은 엘리아 카잔의 이 영화가 처음이었다. 테네시 윌리엄스 원작의 희곡 자체가 뉴올리언스를 배경으로 한다는 이유 외에도, 영화가 전체적으로 에로틱한 분위기를 내포한다는 성격에도 합치했으므로 그 효과는 눈에 띄었다.

유럽 음악의 틀에서 벗어나 미국의 현대 음악을 영화에 사용하는 알렉스 노스의 독자성은 아론 코플랜드의 영향을 보여 준다. 순수 음악 작곡가로 출발한 코플랜드는 1939년부터 할리우드에서 영화 음악 작업을 시작했는데, 그는 당시에 지배적인 독일 음악풍의 할리우드 음악과 다른 좀더 '미국적인' 음악을 영화에 사용했다. 즉, 바그너식의 라이트모티프 사용을 피하는 대신 미국 영화가 지닌 광활한 시각적 공간성을 음악과 합치시키기 위해 미국의 현대 음악이 가진 특성을 영상에 연결시켰다. 그는 동시대의 다른 음악가들처럼 각광받지 못했지만, 그의 영향은 1950년대에 접어들면서 <욕망이라는 이름의 전차>의 알렉스 노스를 비롯한 차기

영화 음악가들에게서 본격적으로 나타났다. 작품 속 공간 배경의
특성을 살린 음악을 전체적인 토대로 하려는 알렉스 노스의 시도
는 역시 엘리아 카잔 감독의 영화인 <비바 사파타 *Viva Zapata!*>
(1952)에서도 보였다. 멕시코 혁명을 배경으로 하는 이 영화에서 그
는 멕시코의 좌파 작곡가인 실베스트레 레부엘타스 Silvestre Revueltas
의 영향이 발견되는 작곡 방법을 사용했다.[31]

　　엘리아 카잔은 1954년작 <워터프런트>에서는 미국의 지휘
자이자 작곡가인 레너드 번스타인 Leonard Bernstein 에게 음악을 맡겼
다. 이 영화에서 번스타인은 도입부를 타악기로 시작해 재즈적인
느낌을 도입하는 등 현대성을 강하게 나타냈다.

　　카잔은 1955년의 <에덴의 동쪽>에서도 역시 영화 음악에는
무명인 레너드 로젠만을 기용했다.[32] 쇤베르크의 12음 기법과 무조
주의無調主義, 불협화음, 전위성 등 현대 음악의 특성을 고전적 영
화 음악 방식과 조화시키려 한 레너드 로젠만은 <에덴의 동쪽>에
서 제작자의 압력으로 고운 멜로디를 강조하는 음악을 작곡해야
만 했다. 그러나 다음 작품인 빈센트 미넬리 감독의 <거미집 *The
Cobweb*>(1955)에서는 현대 음악적 특성을 전면에 내세울 수 있었고,
니콜라스 레이의 <이유 없는 반항 *Rebel Without a Cause*>(1955)에서도
메인 타이틀에서 재즈와 야상곡의 특성이 결합된 음악을 통해 10대
주인공들의 내적 고통을 표현하였다.

　　엘리아 카잔에 의해 극영화 안에 도입된 재즈와 현대 음악적

---

31) 실제로 알렉스 노스는 매카시즘이 맹위를 떨치던 이 시기에 실베스트레
레부엘타스에게서 음악을 사사받았다.
32) 로젠만은 제임스 딘의 피아노 선생이었고, 그 인연으로 제임스 딘의 강
력한 추천에 의해 영화계에 들어왔다.

요소는 오토 프레밍거, 스탠리 크레이머 등의 영화로 이어지면서 하나의 줄기를 형성했다. 스탠리 크레이머의 ＜난폭자 The Wild One＞ (1954)에서는 오케스트라 대신 소편성의 캄보에 의한 모던 재즈가 사용되었으며, 오토 프레밍거 감독의 ＜황금의 팔을 가진 사나이 The Man with the Golden Arm＞(1957)에서는 웨스트코스트 재즈 스타일이 사운드 트랙으로 사용되었다. 이렇게 1950년대 스튜디오 시스템이 점차 쇠퇴해 가면서 할리우드의 영화 음악은 아주 새로운 분위기를 획득해 갔다.

7) 주제가 붐, 그리고 음악 산업과의 연계

＜황금의 팔을 가진 사나이＞의 음악을 담당한 사람은 엘머 번스타인 Elmer Bernstein 이었다. 1960년대와 1970년대 이후에도 꾸준히 활동하며 영화 음악의 중요한 인물로 자리잡은 그는 1970년대 초에, 전통적인 할리우드 영화 음악의 황금 시대에 종말을 가져온 원인 가운데 하나로 '＜하이 눈＞ 주제가의 성공'을 지적한 바 있다. 1952년에 개봉된 프레드 지너만 감독의 서부 영화 ＜하이 눈＞은 실로 1950년대 전체를 통해 사운드 트랙의 상품화, 영화 주제가의 보급 등 상업적 측면에서 가장 큰 영향을 주었다. 사실 영화의 주제가가 대중적 인기를 끄는 현상은 ＜하이 눈＞에서 처음 시작된 것은 아니었다. 주제가는 이미 무성 영화 시대에도 있었고, 1930, 1940년대를 통해서도 영화의 주제 음악이 인기를 얻은 경우는 셀 수 없이 많았다. 예를 들어 오토 프레밍거 감독의 필름 느와르 영화 ＜로라 Laura＞의 테마 음악은 후에 재즈의 명곡으로 되기도 했다. 그러나 ＜하이 눈＞이 지닌 중요성은 음악 감독 디미트리 티

옴킨이 텍스 리터의 노래를 녹음할 때까지 제작사측에서 이 영화를 상업적 실패작으로 간주하였다는 점에 있다.[33] 배급을 맡은 컬럼비아 영화사는 텍스 리터의 주제가를 레코드로 만들어 먼저 판매를 시작했고, 그로부터 4개월이 지난 뒤에 영화를 개봉했다. 그동안 이 레코드는 400만 장 이상 판매되었고, 그 여세를 몰아 영화도 상업적으로 크게 성공했다.

 <하이 눈>이 가져온 이 같은 성공은 할리우드의 제작자들에게 커다란 충격으로 작용했다. 전통적으로 할리우드에서는 영화 음악을, 전면에 나서지 않고 관객이 인식하지 못하는 상태여야 최선이라고 간주했기 때문이다. 이제 제작자들은 음악이 먼저 인기를 얻으면 영화도 상업적으로 성공한다고 믿게 되었다. 그 결과 역시 서부 영화인 <자니 기타 Johnny Guitar>(1954)에서는 페기 리의 주제가를 영화의 끝에 사용했고, <OK 목장의 결투 Gunfight at the OK Corral>(1957)에서는 첫부분에 역시 텍스 리터의 노래를 배치하는 등 주제가 붐이 일어났다. 그리고 영화 <모정 Love Is a Many-Splendored Thing> 등의 주제 음악도 노랫말을 붙여 영화의 흥행과 별개로 히트시켰다. 점차 영화 음악 작곡가들은 영화에 효과적인 음악의 사용이라는 본래의 영화 음악 기능을 벗어나, 주제가로 인기를 얻어야 한다는 제작자들의 압력을 받게 되었다.

 영화의 주제 음악이 작품과 별개로 인기를 얻는 현상은 유럽에서는 그리 드문 일이 아니었다. 캐럴 리드의 <제3의 사나이 The Third Man>(1949)에 사용된 안톤 카라스의 음악, 르네 클레망의 <금지된 장난 Jeux Interdits>(1952)에 사용된 나르시소 예페스의 주제 음

---

33) Handzo, 앞의 글, p.52.

7. <하이 눈>은 주제가의 레코드가 먼저 성공을 거두는 새로운 현상을 이끌어 냈다.

악은 영화와 별개로 큰 인기를 얻었다. 그러나 미국의 경우 유럽보다 산업적 측면이 늘 중시된 관계로 주제가 붐은 영화 산업과 음악 산업을 보다 긴밀히 연계하는 방향으로 발전했고, 이 현상은 당연히 영화 음악의 성격 변화에도 영향을 미치게 되었다.

영화와 음악 사이의 산업적 밀착은 1950년대 후반 사운드 트랙 레코드가 대중적 인기를 얻으면서 더욱 확고해졌다. 빅터 영이 사망 직전에 담당한 영화 <80일간의 세계 일주 *Around the World in 80 Days*>(1956)는 영화에 수록된 음악들을 담은 레코드, 즉 사운드 트랙 앨범이 영화의 인기에 힘입어 엄청난 판매고를 기록했고, 이에 자극받은 20세기 폭스, 유나이티드 아티스츠, 컬럼비아, 워너 브러더스 등 모든 영화사들은 영화의 사운드 트랙을 레코드에 담아 판매하는 레코드 비즈니스를 본격적으로 시작했다.

8) 전통적 영화 음악의 붕괴

1950년대 후반에 영화 음악에 일어난 변화들에도 불구하고, 전체적으로 볼 때 1930년대 이후부터 1960년대에 들기까지 할리우드를 대표로 하는 영화 음악의 성격은 비교적 일관성을 지니면서 발전해 왔다. 즉, 내러티브에 종속된 요소로서 기능한다는 대원칙은 거의 변하지 않은 채 이어져 왔다고 볼 수 있다. 그러나 1960년대에 들어서면서 전통적인 영화 음악은 새로운 단계로 접어들었다. 그 특징은 한 마디로 '다양화'라고 할 수 있다.[34]

1950년대 후반에 전통적인 영화 음악은 이미 붕괴 조짐을 보

---

34) 이 다양화된 발전은 이 장의 다음 항목에서 구체적으로 살펴보기로 한다.

였다. 1956년에 빅터 영이 사망했고, 다음 해에는 에리히 볼프강 콘골트가 사망했다. 그러나 미클로스 로자, 알프레드 뉴먼, 프란츠 왁스만 등의 노장들 역시 1950년대가 끝나면서 전통적인 위력을 상실했다. 그것을 증명하듯 1960년대에 들어서면서 아카데미상에서는 엘머 번스타인이나 헨리 맨시니 Henry Mancini 처럼 새로운 경향을 보이는 작곡가들, 그리고 모리스 자르 Maurice Jarre 나 존 애디슨 John Addison 처럼 유럽의 작곡가들이 각광을 받기 시작했다.

전통적인 영화 음악에 변화가 일어난 원인은 여러 가지가 있다. 영화에 대한 관객들의 취향 변화에 따라 음악에 대한 선호에도 변화가 왔고, 영화와 음악과의 관계가 산업의 차원으로 이어졌으며, 이 시기 유럽에서 일어난 모더니즘 운동의 영향도 들 수 있다. 그러나 가장 큰 원인은 역시 1950년대를 거치면서 진행되어 온 스튜디오 시스템의 붕괴에 있을 것이다.

일찍이 1948년에 대법원 판결에 의해 스튜디오의 수직 통합 vertical integration 은 무너졌고 그 결과 1950년대에 들면서 메이저 영화사들의 위험 부담은 가중되었다. 여기에 텔레비전이라는 새로운 매체가 등장하면서 영화 산업은 위축되었다. 매체상의 변화와 레저의 발달 등 사회 변화에 의해 할리우드로 상징되는 미국 영화는 1950년대의 10년 동안 산업 기반이 약화되어 갔다. 1960년대로 접어들면서 그 침체는 심화되었다. 대형 영화사들의 위축에 발맞추어 많은 독립 제작사들이 생겨났다. 그리고 유럽과 아시아를 비롯한 외국 영화들이 물밀듯이 밀려드는 현상이 일어났다. 1960년대 할리우드에서 제작된 작품의 편수는 연평균 159편에 지나지 않았다.[35]

이러한 상황 변화는 영화 음악계에도 필연적으로 영향을 주

었다. 이전까지 연 10편 이상 담당하던 작곡가들이 연 1~2편을
맡는 데 그치게 되었을 뿐 아니라, 대형 스튜디오들이 쇠퇴하면서
유럽의 경우처럼 영화 음악가들이 각 작품별로 계약을 맺는 현상
이 일반화되었다. 스튜디오 안에서의 전통적인 음악 감독의 기능
은 사라지고, 할리우드의 영화 음악은 '황금 시기'를 마감했다.

　이 시기 미국 영화 음악계의 가장 두드러진 변화는 재즈와
록 음악의 대두였다. 1951년 알렉스 노스의 <욕망이라는 이름의
전차> 이후 영화에서 재즈를 듣는 것은 낯선 현상이 아니었다.
그러나 재즈가 사용될 경우도 내러티브의 전개에 세심하게 대응
한다는 고전적 원칙은 존중되었다. 그런데 전문 재즈 음악가들이
(특히 소규모의 모던 재즈 음악가들이) 음악을 담당하면서 그 원칙은 점
차 무너졌다. 그 대신 재즈 음악은 전면에 등장해 영화 속 장면
의 상황이 아니라 그 영화 전체의 성격을 규정하는 기능, 즉 내
러티브와의 관계가 느슨해진 상태에서 음악 자체로 관객의 관심
을 유도하는 기능을 하게 되었다.

　재즈 음악가가 영화 음악 전체를 담당한 것은 프랑스가 먼저
였다. 1958년 루이 말 감독의 영화 <사형대의 엘리베이터 Ascenseur
pour l'échafaud>에서 마일스 데이비스가 영화 전체의 사운드 트랙을
담당하면서 전혀 다른 분위기를 선보인 이후 프랑스 영화에서는
재즈 음악인의 음악 담당이 드문 일이 아니었다. 그러나 미국에
서도 1950년대 말부터 비슷한 현상이 일어났다. 배우였던 존 카사
베테스는 16밀리로 만든 영화 <그림자 Shadows>(1959)에서 재즈 음
악가인 찰스 밍거스에게 음악을 맡겼다. 미국 인디펜던트 영화의

---

35) 한상준 외, ≪영화에 대한 13가지 테마≫, 큰사람, 1998, pp.51~2.

첫 성공작으로 평가되는 <그림자>는 뉴욕의 하층 흑인 젊은이들의 생활을 누벨 바그적인 감성으로 연출한 영화로 당시 '재즈 영화'라고 불렸다. 그 밖에도 듀크 엘링턴, 존 루이스, 맬 월드론 등 많은 재즈 음악가들이 영화 음악을 담당했다.

그러나 재즈 음악이 지닌 도시적 감성을 대중성과 결합시켜 1960년대의 미국 영화 음악계에서 가장 의욕적인 활동을 한 사람은 헨리 맨시니였다. 맨시니는 자신의 10대 시절의 우상이었던 재즈 음악가 글렌 밀러의 전기 영화 <글렌 밀러 이야기 *The Glenn Miller Story*>(1954)에서 영화 음악가로 데뷔한 이후, 재즈를 기반으로 음악을 끌어간 TV 시리즈 <피터 건 *Peter Gunn*>(1958)으로 각광받으면서 1960년대 이후 가장 인기 있는 영화 음악가로 떠올랐다. 헨리 맨시니의 중요성은 그가 영화와 음악 산업과의 결합이라는 변화된 상황에 맞는 형태의 영화 음악을 개척한 데 있다. 그는 음악 업계에서 이미 보편화된 새로운 녹음 테크놀로지를 적극적으로 영화 음악에 도입했고,[36] 동시에 기존 스튜디오에서 고정급을 받고 일하던 연주가들 대신 재능 있는 신인 연주자들을 계속 받아들이면서 변화한 영화업계의 상황에 적응해 갔다. 또한 영화 음악의 비즈니스화라는 조류에 맞추어 고운 멜로디를 중심으로 하는 음악을 다수 작곡해 <티파니에서 아침을 *Breakfast at Tiffany's*>의 주제곡인 <문 리버>를 비롯한 수많은 '히트곡'을 만들어 냈다.

재즈 이상으로 고전 시기의 영화 음악과 단절적인 역사를 만들어 간 것은 록 음악의 대두였다. 1950년대 중반에 탄생한 로큰롤 음악은 엘비스 프레슬리 등의 스타를 낳으면서 젊은 세대들 사

---

36) 1950년대 말까지 영화 음악은 대중 음악계에 비해 발달된 신기술을 많이 도입하지 않았다.

이에서 인기를 얻었다. 그러나 1960년대 후반까지도 록 음악은 디제시스적인 *diegetic* 형태 외에는 영화에서 거의 사용되지 않았다.[37] 1960년대에 록 음악을 영화에 본격적으로 사용한 것은 실험 영화에서였다. 케네스 앵거는 1963년 <스콜피오 라이징 *Scorpio Rising*>의 사운드 트랙을 13곡의 팝 음악을 사용해 만들었다. 오토바이 폭주족들을 통해 미국 사회의 새로운 가치관을 과격한 방식으로 제기한 이 단편 영화에서 팝 음악은 영화의 내용과 유기적인 관계를 맺으면서 사용되었다. 그리고 이 실험 영화가 대중적인 인기를 얻으면서 <이지 라이더 *Easy Rider*>, <졸업 *The Graduate*>, <아메리칸 그래피티 *American Graffiti*> 등의 영화들이 록 / 팝 음악을 비디제시스적인 방식으로 사용했고, 이 영화들은 모두 상업적으로 크게 성공을 거둔다. 이후 팝 음악의 사용이라는 방식은 미국 영화를 비롯한 많은 나라의 상업 영화계에서 중요한 형태로서 확고하게 자리잡았다.

9) 1950년대 후반 프랑스와 이탈리아의 영화 음악

1950년대 세계 영화계의 가장 큰 변화는 프랑스의 누벨 바그에서 왔다. 누벨 바그는 영화라는 매체에 대한 접근 방식에서 취급하는 주제의 문제들 그리고 양식상의 방법론까지 프랑스 영화의 전통적인 방식과 구분되는 특징들을 지녔다. 트뤼포나 고다르, 샤브롤 등 누벨 바그의 주역들이 문학과 영화를 비롯해 미국의 문화에 크게 영향을 받았다는 것은 잘 알려진 사실이다. 표면적으로

---

37) 이 내재적인 음악을 흔히 '소스 뮤직 *source music*'이라고도 한다.

는 할리우드 영화와 단절적인 양식상의 특성을 지니지만, 그들이
추구한 감수성은 사실 미국의 문화에 공통적인 측면이 강하다.
특히, 가장 도시적인 미학을 담지하는 재즈 음악은 누벨 바그와
여러 차원에서 관계한다.

    먼저 1958년 당시 저널에서 '새로운 물결 *nouvelle vague*'이라고
명명한 첫 영화 루이 말 감독의 <사형대의 엘리베이터>는 당시
파리에 머물렀던 마일스 데이비스가 5인조 캄보를 구성해 재즈
음악을 연주해 전편에 삽입했다.[38] 그리고 고다르는 자신의 첫 장
편 영화인 <네 멋대로 해라 *A Bout de Souffle*>(1959)에서 프랑스의
재즈 피아니스트인 마르시알 솔랄 Martial Solal 에게 음악을 맡겼고,
트뤼포는 <피아니스트를 쏴라 *Tirez sur le Pianiste*>(1960)에서 재즈풍
의 음악을 자주 들려 주었다. 초창기 누벨 바그의 대표적인 작품
들은 거의 모두 재즈 음악에 대해 이렇게 강한 자의식을 보여 주
었다.

    누벨 바그와 재즈 음악은 구조적인 측면에서 볼 때 훨씬 큰
공통성을 지닌다. 아네트 인스도르프의 지적처럼, 누벨 바그도 재
즈 음악도 이야기(재즈의 경우는 악보로 쓰여진 작곡가의 음악), 즉 '스토
리 라인 *story line*'을 덜 중시한다. 극단적으로 말하면 이야기 및 악
보의 기본 멜로디는 다른 무언가를 표현하기 위한 기본 자료로서
훨씬 중요하다. 그 대신 누벨 바그와 재즈 음악은 무엇보다도 그
순간, 즉 두 번 있을 수 없는 현재라는 시점의 일회성과 우연성
을 포착한다. 다시 말해 두 가지 모두 자발성과 즉흥성에 그 뿌

---

38) 당시 다섯 명의 연주자는 다음과 같다. 트럼펫에 마일스 데이비스, 테너
색소폰에 바르네 빌랑, 피아노에 르네 위르트르제, 베이스에 피에르 미슐로,
드럼에 케니 클라크.

리를 둔다. 양자 모두 테크닉이 중요성을 지니고 전면에 등장하는 것은 이렇게 볼 때 우연이 아니다.[39]

누벨 바그가 고다르, 트뤼포, 샤브롤 등의 감독들, 라울 쿠타르와 앙리 드카에 등 촬영 감독들로 상징되는 것처럼 음악 분야에서 그것은 조르주 들르뤼 Georges Delerue 와 미셸 르그랑 Michel Legrand 으로 대표된다.

특히 조르주 들르뤼는 1959년 알랭 레네의 <히로시마 내 사랑 Hiroshima Mon Amour>으로 명성을 얻은 뒤 필리프 드 브로카의 <리우의 사나이 L'homme de Rio>, 앙리 콜피의 <그토록 오랜 부재 Une Aussi Longue Absence>, 프랑수아 트뤼포의 <피아니스트를 쏴라>와 <쥘과 짐 Jules et Jim>, 장 뤽 고다르의 <경멸 Le Mépris>, 루이 말의 <비바 마리아 Viva Maria> 등 새롭게 등장한 젊은 감독들의 영화 음악을 많이 담당하면서 당시 프랑스 영화를 대표하는 작곡가로 떠오른 인물이다. 그는 원래 고전 음악을 공부했지만, 다리우스 미요의 권유로 연극과 영화를 위한 음악을 시작했다. 그는 대편성의 오케스트라 대신에 실내악적 앙상블을 선호했으며, 18세기 이탈리아의 비발디풍 음악 그리고 드뷔시를 중심으로 하는 프랑스의 인상파 음악에서 현대 음악에 이르기까지 폭넓은 고전 음악을 기반으로 섬세한 음악을 만들어 냈다. 실내악적 음악 형태

39) 인스도르프는 더 나아가 트뤼포와 재즈 피아니스트 키스 재러트를 같은 차원으로 비교한다. 즉, 키스 재러트의 재즈 음악이 서정성과 하모니를 특징으로 하는 드뷔시의 음악과, 불연속성과 파편화를 특징으로 하는 마일스 데이비스의 음악 사이에서 균형을 취하는 것처럼, 트뤼포는 장 르느와르의 전통적인 서정성과 고다르의 극단적 실험성 사이에서 균형을 취한다는 점에서 공통적이라는 것이다. 자세한 설명은 Annette Insdorf, *François Truffaut*, Cambridge, 1994, pp.24~5 참조.

8. 조르주 들르뤼는 1960년대 프랑스 영화를 대표하는 작곡가로 떠올랐다. 사진은 그가 음악을 맡은
<히로시마 내 사랑>.

를 선호한 조르주 들르뤼는 국제적인 영화 상황 변화에 의해 외국 감독과의 작업으로 활동 영역을 넓혀 갔다. 그는 잭 클레이튼의 <여자가 애정에 목마를 때 *The Pumpkin Eater*>, 프레드 지너만의 <사계절의 사나이 *A Man for All Seasons*>, 베르나르도 베르톨루치의 <순응자 *Il Conformista*> 등의 음악을 담당하면서 국제적인 인물로 부상했다.

미셸 르그랑은 1950년대 중반부터 편곡에 재능을 보이며 활동을 시작했다. 고다르의 <여자는 여자다 *Une Femme est une femme*> (1961), <비브르 사 비 *Vivre sa vie*>(1962), 아네스 바르다의 <5시에서 7시까지의 클레오 *Cléo de 5 à 7*>(1962) 등의 음악을 담당한 미셸 르그랑은 자크 드미의 뮤지컬 <셰르부르의 우산 *Les Parapluies de Cherbourg*>(1964)과 <로슈포르의 연인들 *Les Demoiselles de Rochefort*> (1967)에서 세계적인 명성을 얻었다. 그는 프랑스 영화 외에도 미국과 유럽 다른 나라 영화 음악을 담당하면서 달콤한 멜로디를 중심으로 한 '히트곡'을 많이 발표해 전세계를 통해 대중적인 인기를 얻은 음악가였다.

이탈리아에서는 페데리코 펠리니의 많은 명작의 음악을 담당한 니노 로타 Nino Rota 를 먼저 들 수 있다. 니노 로타는 이탈리아의 포크 음악을 기조로 테마곡과 멜로디를 전면에 내세우는 특징을 보였다. 엔니오 모리코네 Ennio Morricone 역시 테마와 멜로디를 중심으로 하는 음악가이다. 세르지오 레오네의 마카로니 웨스턴 영화와 함께 본격적인 음악 활동을 시작한 그는 특히 폭력적인 영상에 서정적 멜로디 중심의 음악을 대비시키는 특성을 지녔다. 전체적으로 이탈리아에서는 감독과 콤비를 이루면서 활동한 음악가들이 많았다는 것도 특징으로 들 수 있다. 위에서 본 니노 로타

와 페데리코 펠리니, 엔니오 모리코네와 세르지오 레오네 외에도
카를로 루스티켈리 Carlo Rustichelli 와 피에트로 제르미, 조반니 푸스
코 Giovanni Fusco 와 미켈란젤로 안토니오니 또한 유명한 콤비를 이
루며 명작을 생산했다.

　전체적으로 볼 때 미셸 르그랑과 니노 로타의 음악에서 보이
는 것처럼, 당시 유럽의 영화 음악은 멜로디를 중심으로 하는 테
마곡을 전면에 내세우는 점에서 할리우드의 영화 음악과 차이를
보였다.

4. 1960년대 이후의 영화 음악, 다양화의 시대

1) 기존의 영화 음악이 부정되는 시기

1960년대를 거치면서 세계의 영화계에 일어난 가장 큰 변화는 미
국의 스튜디오 시스템 붕괴였다. 1950년대부터 시작된 텔레비전의
도전은 막을 수 없는 것이 되었고, 그 결과 미국의 영화 산업은
텔레비전과의 공존을 모색하는 방향으로 나아갔다. 1960년대 할리
우드 영화계의 불황은 대형 영화사들의 구조 조정이라는 결과를
낳았는데, 유니버설 영화사가 1962년 거대 기업인 MCA의 자회사
가 되는 것을 시작으로 파라마운트는 걸프 앤드 웨스턴, 워너 브
러더스는 세븐 아트사에 흡수되는 등 변화를 겪었다. 그리고 이
제 미국의 영화는 모든 차원에서 이전과 다른 시스템을 가지게
되었다.[40]

　영화 음악에서 그 변화는 더욱 뚜렷하게 나타났다. 먼저 스튜

디오 시스템이 무너지면서 각 영화사마다 있던 음악부가 폐쇄되었다. 그래서 상황이 변화하던 1960년대 후반에서 1970년대 중반에 이르는 기간에 영화 음악에 종사하는 인원들이 대부분 실직해 다른 일을 찾아야 했다. 중후한 심포닉 사운드를 중심으로 전통적인 방식의 음악을 이어가던 작곡가 가운데 이 시기 이후 활동을 계속한 사람은 알프레드 뉴먼과 엘머 번스타인, 버나드 허먼 정도가 있었다. 특히 버나드 허먼은 브라이언 드 팔마(<자매들 Sisters>, 1973), 마틴 스콜세지(<택시 드라이버>, 1975) 등 새로운 세대의 감독들과 함께 작업하며 자신의 개성을 계속 발휘할 수 있었다. 새롭게 부상하는 인물도 남가주대학에서 미클로스 로자에게 영화 음악을 배운 제리 골드스미스 Jerry Goldsmith 정도였다. 물론 이들도 스튜디오 시스템 이후의 상황에 적응하는 음악을 만들어야 했으므로, 전통적인 대형 오케스트라에 의한 심포닉 사운드의 음악과는 다른 경량화輕量化의 특성을 강하게 풍겼다.

할리우드 황금기의 창조적인 영화 음악을 지지하던 사람들에게 이 기간은 황폐의 시기였다. 특히, 내러티브와 직접 관계하지 않는 사이먼과 가펑클의 팝 음악을 사용해 상업적 성공을 얻은 <졸업> 이후 영화사들은 레코드 회사와의 연계를 더욱 강화했고, 그 결과 극단적으로 말하면 영화란 사운드 트랙 판매를 위한 견본으로까지 추락하는 경우도 드물지 않았다. 이 경향은 팝 음악의 경우만이 아니었다. 스탠리 큐브릭은 <스페이스 오디세이 2001: A Space Odyssey>(1968)와 <시계 태엽 오렌지 A Clockwork Orange>(1972), <배리 린든 Barry Lyndon>(1974), <샤이닝 Shining>(1980) 등에서

---

40) 한상준 외, 앞의 책, p.52.

고전 음악을 그대로 사용했다.[41] 또한 스웨덴의 보 비더베리는 모차르트의 피아노 협주곡 21번 2악장을 사용한 영화 <엘비라 마디간 Elvira Madigan>(1967)을 상업적으로 성공시킴으로써 고전 음악의 사용이라는 추세를 강화했다. 물론 고전 음악을 영화에 사용하는 것은 무성 영화 시기부터의 일이었지만 이 시기에는 음악 부문에 예산을 절약하는 편법으로 고전 음악을 사용하는 경향이 강했다. 아서 펜의 <우리에게 내일은 없다 Bonnie and Clyde>(1967)에서 텍사스 지방의 블루그래스 음악이 사용되어 효과를 높인 것도 역시 시대 상황을 반영하는 하나의 사례였다.

이렇게 1960년대 후반에서 1970년대 중반에 이르는 동안 미국의 영화계에는 오리지널 영화 음악이 들어설 여지가 없었다. 그러는 가운데 흑인 영화, 성인 영화들이 새로운 장르로 등장하면서 <샤프트 Shaft>(1971)의 아이작 헤이스 Isaac Hayes 처럼 흑인 음악을 영화에 사용하는 경향도 생겨났다. 여기에 스튜디오 시대부터의 노장들도 각자 자신의 강한 개성을 드러냄으로써 기존의 영화 음악이 부정되는 시기로 들어섰다. 더욱이 니노 로타, 조르주 들르뤼, 미셸 르그랑 등 유럽의 작곡가들도 미국 영화 음악을 많이 담당함으로써 할리우드의 전통적인 색채는 빛을 바랬다.

---

41) 물론 스탠리 큐브릭에게 있어서 고전 음악의 사용은 영화 내용과의 유기적 관계를 기본으로 한다. <스페이스 오디세이>의 경우 그는 영화사의 요구에 의해 유명한 알렉스 노스에게 영화의 사운드 트랙 작곡을 맡겼다. 그러나 알렉스 노스의 음악이 완성된 후 큐브릭은 개봉 직전에 고전 음악을 사용할 것을 고집했다. 알렉스 노스의 창작 음악은 제리 골드스미스의 지휘와 내셔널 필하모니 오케스트라의 연주로 영화와는 상관없이 <알렉스 노스의 2001>이라는 제명으로 1993년 CD로 발매되었다.

2) 존 윌리엄스와 심포닉 사운드의 부활

1970년대 미국 영화계의 큰 특징 가운데 하나는 대작주의 경향이 었다. 이러한 경향은 1960년대 불황기부터 생겨났지만, 1970년대에 들어오면서 주류 영화계는 재난 영화 *disaster film*를 중심으로 한 대 작을 많이 제작했다. TV와 공존하기 위한 활로를 모색하려는 방 편이었지만, 가장 중요한 원인으로는 스튜디오 시스템의 몰락 이 후 작품별로 프로덕션이 이루어지면서 영화 산업이 투기적 성격 을 한층 강화했다는 점을 들 수 있다. 이러한 와중에 등장한 존 윌리엄스는 할리우드의 전통을 잇는 심포닉 사운드를 다시 전면 에 내세워 주목받았다. <포세이돈 어드벤처 *The Poseidon Adventure*> (1971), <대지진 *Earthquake*>(1974), <타워링 *The Towering Inferno*>(1974), <조스 *Jaws*>(1975) 등 1970년대 전반기를 대표하는 상업적 대작 영 화들은 모두 존 윌리엄스의 극적인 음악에 힘입어 고전적인 특성 을 강하게 보였다.

존 윌리엄스는 흔히 볼프강 에리히 콘골트의 계승자라고 평 가된다. 그는 영화 음악이 영화의 극적 맥락에 부합하면서도 독자 적으로 음악성을 지녀야 한다는 콘골트의 고전적 지론을 1970년 대에 가장 훌륭하게 실천한 인물이다. 그는 콘골트나 알프레드 뉴 먼, 맥스 스타이너처럼 대규모 오케스트라에 의한 음악을 선호한 다. 이 같은 그의 성향이 가장 잘 표현된 작품으로 1970년대 이후 그를 미국 영화의 가장 중요한 존재로 만든 영화가 <스타 워즈 *Star Wars*>(1977)였다. 조지 루카스 감독의 <스타 워즈>는 영화의 구조적 특성, 산업적 영향 등의 측면에서도 중요한 작품이지만, 영화 음악의 측면에서도 기억될 영화다. 전통적인 할리우드 영화

의 도피주의 *escapism* 를 기반으로 오락으로서 영화의 지위를 회복
시킨 이 영화의 음악은 스튜디오 시대처럼 대형 오케스트라를 사
용해 연주되었다. 그리고 이 교향악적 음악은 발달된 사운드 테크
놀로지에 힘입어 관객들을 가상의 공간 속으로 도피시키는 데 중
요한 역할을 수행했다.[42] <스타 워즈>에서 존 윌리엄스가 부활
시킨 심포닉 사운드의 성공은 <클로스 인카운터 *Close Encounters of
the Third Kind*>(1977), <슈퍼맨 *Superman*>(1978), <레이더스 *Raiders of the
Lost Ark*>(1981), <이티 *E.T.*>(1982)로 계속 이어지면서 현대 미국 영
화 음악의 중요한 일부로 남았다.

　　그러나 존 윌리엄스처럼 고전적 연주에 의한 영화 음악은 오
늘날 같은 다양화 시대에는 오히려 예외적인 방식으로 보아야 할
것이다. 신시사이저 음악이 보편화된 이후에는 적은 인원으로도
대형 오케스트라의 효과를 낼 수 있게 되었기 때문이다.

3) 비디오의 혁명, 그리고 전자 음악의 등장

1975년은 영화 역사 속에서 토키가 등장한 1928년과 함께 큰 줄기
를 바꾼 해로서 기억할 만하다. 그 해 일본의 소니에서 1/2인치 테
이프에 의한 베타 맥스 시스템으로 VCR(*videocassette recorder*)이 첫선
을 보였기 때문이다. 다음 해 JVC는 VHS(*Video Home System*)로 VCR을
내놓았다. 이것은 곧 국제적인 규격으로서 전세계에 퍼져 나갔고,

---

42) 당시 20세기 폭스사에는 전속 오케스트라가 없었다. 존 윌리엄스는 런던
심포니 오케스트라를 지휘해 이 영화의 사운드 트랙을 녹음해야 했다. 두
장의 LP로 된 <스타 워즈>의 사운드 트랙 앨범은 베스트 셀러가 되면서
존 윌리엄스의 명성을 확고히 했다.

1980년대에 들어서면서 기존의 영화 작품들은 거의 모두 비디오테이프로 제작돼 가정에 보급되었다. 처음에 영화사들은 VCR에 대해 부정적인 반응을 보였다. 텔레비전이 등장할 때와 마찬가지로 비디오의 등장은 극장 관객 수를 감소시켜 영화 시장을 위축시킬 것으로 간주했기 때문이다. 1976년에 미국의 MCA와 디즈니사는 저작권법을 근거로 VCR 판매 중지를 위한 소송을 제기하기도 했다. 그러나 결과는 반대였다. 영화사들은 비디오가 매체의 확대를 통해 영화 시장을 더 넓혀 준다는 사실을 발견했다. 그리고 이 때부터 전통적인 '영화의 시대' 대신에 네트워크 TV, 케이블 TV, 비디오, 레이저 디스크 등의 매체를 통합하는 '미디어 상품의 시대'로 발전해 갔다.[43]

영화 음악과 관련해 볼 때 비디오의 발명은 뮤직 비디오의 탄생이라는 새로운 현상과 좀더 깊이 관계한다. 음반 판촉을 위해 등장한 뮤직 비디오는 주류 영화들에도 영향을 주면서, 기성 록 음악의 사용을 가속화했다. 특히, 비디오의 등장 이후 극장 인구 가운데 성인 관객이 감소한 현상은 젊은 관객을 대상으로 한 오락 매체로서 영화의 성격을 강화시켰다. 그 결과 젊은 층들이 선호하는 록 음악은 더 빈번히 영화에 사용되었다.

1970년대 이후의 영화 음악계에 나타난 또 하나의 변화는 전자 악기의 유행이다. 전자 음악은 2차 대전 이후 주로 아방가르드 영화를 중심으로 간간히 영화에 사용되었다. 초창기에는 테레민 *Theremin*, 옹드 마르트노 *Ondes Martenot* 같은 원시적인 형태의 전자 악기가 사용되었는데, 1950년대에 들어서면서 주류 영화에도 조심

---

43) Kristin Thompson & David Bordwell, *Film History*, McGraw-Hill, 1994, p.702.

스럽게 도입되기 시작했다.

그러나 전자 음악이 영화 음악에 큰 영향을 주기 시작한 것은 1970년대 이후의 일이었다. 1960년대에 프로피트 Prophet, 아르프 Arp 그리고 특히 무그 Moog 등의 신시사이저가 등장함으로써 영화 음악은 새로운 단계로 나아갈 수 있었다. 신시사이저가 지닌 가장 큰 강점은 음향의 합성에 의해 적은 인원으로 대형 오케스트라의 음을 낼 수 있다는 것이었다. 또한 아마추어의 경우라도 음악 주제에 대한 기본 아이디어를 입력할 경우 기계의 힘에 의해 매끈한 음악을 만들어 낼 수 있다는 점도 주목할 필요가 있다. 실제로 공포 영화를 주로 감독한 존 카펜터의 경우 1978년작 <핼러윈 *Halloween*>에서 스스로 만든 테마를 사용해 음악을 만들었다.[44]

전자 음악을 대중화시킨 사람은 조르지오 모로더 Giorgio Moroder 와 반젤리스 Vangelis 였다. 모로더는 1978년 앨런 파커 감독의 <미드나이트 익스프레스 *Midnight Express*>에서, 그리고 반젤리스는 1981년 휴 허드슨 감독의 <불의 전차 *Chariots of Fire*>를 통해 전자 음악이 영화 내러티브와 효과적으로 결합되면서도 음악 자체로서 대중적 인기를 얻을 수 있는 가능성을 보여 주었다. 또한 옛 할리우드의 경우처럼 작곡가와 연주자가 분리된 것이 아니라 한 사람이 통합적으로 수행한다는 새로운 전통을 만들어 냈다. 이후 전자 음악은 발전된 컴퓨터 기술과 결합해 다양한 형태로 영화 속에서 사용된다.

---

44) 존 카펜터 외에 <라스베이거스를 떠나며 *Leaving Las Vegas*>의 감독 마이크 피기스도 스스로 음악을 작곡한다.

4) 다양화된 현대의 영화 음악

1960년대 이후 현대에 이르는 영화 음악의 특성은 '다양화'라고 할 수 있다. 이전의 할리우드처럼 하나의 커다란 공식 아래서 이루어진 영화 음악의 줄기는 여러 양식들 가운데 하나로 남아 있을 뿐이다. 물론 음악이 내러티브의 진행을 보조하는 기능은 여전히 중요하면서도 그 형태가 다양하다. 동시에 국제화가 보편적인 것이 되었다. 영화 제작에 필요한 자본이 국경을 넘나들면서 유럽과 아시아의 작곡가들이 미국 영화 음악을 담당하는 것은 보기 드문 일이 아니다. 양식을 기준으로 현대 영화 음악의 특성을 살펴보자.[45]

(1) 낭만주의적 경향

바그너, 베르디, 푸치니 등 유럽 후기 낭만주의 시대의 음악을 계승한 할리우드 고전 영화의 특성을 잇는 경향이다. 보통 대형 오케스트라를 동반하며, 고전적 분위기를 강조하는 문학적 영화나 스펙터클을 기반으로 하는 서사적 대작들에서 많이 사용된다. 1960년대에 모리스 자르가 음악을 담당한 <아라비아의 로렌스 *Lawrence of Arabia*>나 <닥터 지바고 *Dr. Zhivago*>는 그 대표적인 사례에 속한다. 1970년대 이후에는 특히 존 윌리엄스에 의해 강력한 전통으로 이어진다. <스타 워즈>는 전형적인 낭만주의적 영화 음악이다. 이러한 경향의 음악이 사용되는 영화는 내레이션 형태도 할리우드 고전 영화의 틀을 따르는 경우가 많다. 이민용 감독의 <인샬라>에서 사용된 음악 역시 이 경향에 속한다.

---

45) 소제목은 Geoffrey Nowell-Smith (ed.), *The Oxford History of World Cinema*, Oxford, 1996, pp.558~66에서 로열 브라운이 사용한 분류를 참조했다.

(2) 모더니즘 경향

할리우드 고전 영화에서 보였던 또 하나의 경향으로 19세기 낭만주의 시대의 음악 대신 불협화음으로 특징지어지는 20세기 현대 음악에 영향을 받은 전통이다. 스트라빈스키, 바르토크, 쇼스타코비치, 벤자민 브리튼, 아론 코플랜드 등 현대 음악가들의 작품에서 주로 영향을 받았다. 일찍이 미클로스 로자의 <이중 배상>에서 보였던 것처럼 필름 느와르라든지 아니면 버나드 허먼의 <사이코>에서처럼 이상 심리를 다룬 영화들에서 많이 보인 경향이지만, 1960년대 이후에는 주변적인 지위에서 벗어나 하나의 주류가 되었다. 스튜디오 시대의 할리우드 영화에서는 대형 오케스트라에 의해서 연주되었으나 1960년대 이후는 소규모의 악기 편성으로 이루어지는 경우가 더 많다. 가브리엘 액셀 감독의 <바베트의 만찬 Babette's Feast>(1987)에서처럼 피아노 4중주(바이올린, 비올라, 첼로, 피아노)의 실내악으로 편성된 경우도 있고, 마이클 파웰의 <피핑 톰 Peeping Tom>(1960)이나 코폴라의 <도청 Conversation>(1974)처럼 솔로 피아노의 불협화음으로 효과를 내기도 한다.

(3) 진전된 모더니즘

현대 음악 작곡가 가운데 특히 쇤베르크의 12음 기법에 기초한 무조주의를 효과적으로 사용하는 경향을 말한다. 할리우드에서 이 방식을 처음으로 본격화한 사람은 레너드 로젠만이었다. 그는 1955년 빈센트 미넬리 감독의 <거미집>에서 조성을 파괴하고 효과음에 가까운 음악 사용으로 심리 드라마의 효과를 높였다. 주로 어둡고 심리적인 테마를 지닌 영화에 사용되며 1960년대 이후에는 존 프랑켄하이머의 <만주에서 온 지원자 The Manchurian

Candidate>(1962)나 존 부어먼의 <포인트 블랭크 *Point Blank*>(1967)를 비롯해 많은 영화에서 수용된다.

(4) 전자 음악

신시사이저를 중심으로 한 새로운 전자 악기의 발달로 전자 음악은 현재 영화에서 가장 폭넓게 사용된다. 1980년대 이후에는 뉴에이지 음악과의 크로스오버를 통해 불협화음은 피하면서도 테마가 분명하지 않은 형태의 전자 음악도 볼 수 있다.

(5) 미니멀리즘

전통적인 의미에서 볼 때는 결코 멜로디 중심적이라고 말할 수 없지만, 그렇다고 불협화음과 무조주의 등 전위적인 음악도 아닌 단편적인 음악의 한 종류를 말한다. 미니멀리즘이라 할 때 그 특성은 8도 화음의 하모니에 기반을 둔 테마의 단편이 등장하면서도 그 단편적인 테마가 계속 반복 연주됨으로써 영화 속의 공간과 시간의 개념에 영향을 주는 점에 있다. 대표적인 예로는 폴 슈레이더의 <미시마 *Mishima*>(1985)에서 전위 음악가인 필립 글래스가 사용한 음악이 있다. 피터 그리너웨이의 많은 영화 음악을 담당한 마이클 나이먼도 같은 경향의 음악을 사용한다.[46]

---

46) 그러나 마이클 나이먼의 경우는 피터 그리너웨이의 영화에서만 미니멀리즘적인 음악을 사용한다. 그의 음악이 바로크 시대의 음악에 기반을 둔다는 점에서 로열 브라운은 피터 그리너웨이 영화에서의 마이클 나이먼의 음악을 '바로크 미니멀리즘'이라고 부른다. 이 특성은 <영국식 정원 살인 사건 *The Draughtman's Contract*>이나 <요리사, 도둑, 그의 아내와 정부 *The Cook, the Thief, His Wife and Her Lover*>의 음악에서 잘 드러난다.

(6) 재즈 음악

재즈 음악은 1951년 알렉스 노스의 <욕망이라는 이름의 전차> 이후 1950년대를 통해서 영화 음악의 중요한 줄기를 형성했다. 1950년대에는 스윙과 비밥 형태의 재즈가 모두 수용되었는데, 주로 어두운 분위기의 범죄 영화에 사용되었다. 초반에 알렉스 노스를 비롯해 엘머 번스타인, 헨리 맨시니, 데이비드 랙신 등 전통적인 영화 음악가들이 주로 재즈를 흡수한 반면 1950년대 말부터 1960년대로 넘어가면서 정통적인 재즈 음악가들, 즉 마일스 데이비스(<사형대의 엘리베이터>), 듀크 엘링턴(<살인의 해부 *Anatomy of a Murder*>), 찰스 밍거스(<그림자>), 존 루이스(<내일을 향해 *Odds against Tomorrow*>), 소니 롤린스(<앨피 *Alphi*>) 등도 영화의 사운드 트랙에 참가하는 경향이 늘어 갔다. 1980년대에는 유명한 재즈 음악가 버드 파웰과 레스터 영의 삶을 모델로 한 베르트랑 타베르니에 감독의 <라운드 미드나이트 *'Round Midnight*>(1986)의 음악을 역시 재즈 음악가 덱스터 고든이 담당했고, 클린트 이스트우드 감독도 자신이 좋아했던 재즈 음악가 찰리 파커의 일생을 그린 영화 <버드 *Bird*>(1988)를 발표해 재즈 음악을 본격적으로 그리기도 했다. 재즈 음악은 미국 영화뿐 아니라 프랑스를 비롯한 유럽 영화에도 많이 사용된다. 한국에서는 이명세 감독이 <남자는 괴로워>, <지독한 사랑> 등에서 스윙 시대의 재즈에 기반을 둔 음악을 사용했다. 이명세 감독의 영화는 할리우드의 옛 영화들에 대한 노스탤지어를 중요한 요소로 취하기 때문에 재즈풍의 음악에 의한 효과가 크다.

(7) 고전 음악

1960년대 이후 발전한 중요한 경향 가운데 하나가 고전 음악의 직접적인 사용이다. 주로 영화와 사용되는 음악 사이의 상호 관계에 초점을 두는 경우가 많다. 이전 할리우드 시대에도 고전 음악이 사용되는 경우가 꽤 있었지만, 그 대부분은 '소스 뮤직'으로서나 아니면 고전 음악 작곡가의 생애를 다룬 영화에 한정되었다. 본격적으로 고전 음악과 영화와의 관계에 관심을 둔 것은 프랑스의 누벨 바그 감독들이었다. 클로드 샤브롤은 <사촌들 Les Cousins>(1959)에서 바그너의 <트리스탄과 이졸데>의 전주곡을 중요하게 사용했고, 고다르는 데뷔작 <네 멋대로 해라>에서 모차르트 클라리넷 협주곡의 1악장 테마를 잠깐 사용한다. 그는 1960년대 <결혼한 여자>에서부터 1980년대의 영화들에 이르기까지 베토벤의 현악 4중주를 다양하게 사용했다. 그러나 영화의 사운드 트랙을 구성하면서도 대중적인 관심을 끈 것은 보 비더베리의 <엘비라 마디간>과 스탠리 큐브릭의 <스페이스 오디세이>에서였다. 이후에도 고전 음악은 프랜시스 코폴라의 <지옥의 묵시록 Apocalypse Now>(바그너의 <발퀴레>), 마틴 스콜세지의 <레이징 불 Raging Bull>(마스카니의 <카발레리아 루스티카나> 중 간주곡) 등 음악과는 전혀 관계가 없는 영화에서도 중요하게 사용된다. 동유럽의 영화들 가운데서는 지역적 정체성을 보여 주기 위해 고전 음악이 사용되는 경우도 많다. 에미르 쿠스투리차의 <아빠는 출장중 When Father Was Away on Business>에서는 루마니아의 작곡가 이바노비치의 <도나우 강의 잔물결>의 멜로디가, <프라하의 봄 The Unbearable Lightness of Being>에서는 체코슬로바키아의 작곡가 야나체크의 현악 4중주가 사용되었다.

9. 1960년대 말부터 많은 할리우드 영화에서 팝 음악의 사용이 두드러진다. 사진은 해리 닐슨의 노래가 삽입된 <미드나이트 카우보이>.

(8) 대중 음악

대중 음악이 영화에 사용된 것은 1960년대에 본격적으로 시작된 현상이다. 테렌스 영 감독의 007 제임스 본드 시리즈는 작품마다 히트곡을 낳았다. 그리고 1960년대 말에는 <이지 라이더>, <졸업> 외에도 많은 영화들이 팝 음악을 삽입했다. 존 슐레진저의 <미드나이트 카우보이 Midnight Cowboy>에는 해리 닐슨의 <모든 사람이 말하고 있네 Everybody's Talkin'>가, 조지 로이 힐의 <내일을 향해 쏴라 Butch Cassidy and the Sundance Kid>에는 비 제이 토머스의 <내 머리 위에 빗방울 떨어지고 Raindrops Keep Fallin' on My Head>가 사용되어 음악의 인기와 함께 영화의 인기를 높였다. 1970년대와 1980년대를 거치면서 1990년대에 들어와서도 대중 음악을 영화에 사용하는 경향은 더욱더 잦아졌다.

음악 산업과 영화 산업의 연계라는 현상의 결과 피할 수 없는 상황이겠지만, 영화 음악의 이러한 팝 음악화 경향에 대해선 비판적인 목소리도 큰 게 사실이다. 이 경향은 최근에는 디즈니 만화 영화에서까지도 볼 수 있으며(예를 들면 <라이온 킹>에서는 엘튼 존의 <오늘 밤 사랑을 느끼나요 Can You Feel the Love Tonight>가 사용된다), 한국 영화에서도 쉽게 찾아볼 수 있다. <접속>이나 <조용한 가족>은 모두 팝 음악을 많이 사용했는데, 특히 <접속>은 영화와 함께 사운드 트랙을 상업적으로 성공시킨 사례에 속한다.

3

영화 음악의 역할은 무엇인가

1. 영화 음악의 세 가지 차원

영화 음악은 '영화를 위한 음악'이다. 얼핏 당연해 보이는 이 말 속에는 영화 음악이 내러티브에 관해 가지는 종속적인 성격이 명확히 드러난다. 보통의 경우 음악은 이야기를 효과적으로 전달하기 위한 장식 요소로서의 기능이 가장 중시된다는 뜻이다. 특히 촬영, 조명, 편집, 음향 등 영화의 다양한 요소들이 모두 이야기의 리얼리티를 위해 연속성을 구축하는 방향으로 기능했던 할리우드 고전 영화의 경우 음악은 음악으로서(더 정확히는 음향의 일종으로서) 존재하면서도 관객의 의식에서는 숨어야 한다는 점에서 이중적이었다. 고전 영화의 투명성은 편집에서처럼 영화 음악의 경우에도 지배적인 원칙이었다. 그리고 이러한 배경 음악적 기능은, 팝 음악을 비롯한 기성 음악의 사용이 보편화된, 그래서 일견 투명성의 원칙이 낡은 것으로 보이는 최근의 영화 속에서도 여전히 위력을 지닌다. 실험성을 중시하는 모더니스트들의 경우를 제외하면 보통의 영화 속에서 영화 음악은 편집과 함께, 시공간상 불균질한 영화에 연속성을 부여하고 내용 전개를 돕는 방향으로 기능한다.

이 '내용과의 상호 작용'은 영화 음악을 일반적인 음악과 구분하는 가장 중요한 특성이다. 물론 추상성을 기반으로 하는 고전 음악 가운데서도 훨씬 구체적인 이야기를 음악으로 표현하는 표제 음악들, 특히 오페라에 있어서 내용과의 상호 작용은 중요하다. 그러나 오페라에서도 중심은 여전히 음악이다. 연극적인 측면도 중시되긴 하지만 그렇다고 영화에서처럼 음악을 이야기의 종속적인 요소로 만들지 않는다.

　　그렇다면 본질적으로 이야기에 종속적인 영화 음악은 보편적인 음악의 질서와 전혀 별개의 독자적 규칙 안에서만 기능하는 것일까? 순전히 음향으로서의 음악을 상정할 때 이런 추론은 가능할 수도 있다. 이를테면 알프레드 히치콕의 영화 <새>에서 음악을 담당한 버나드 허먼은 효과 '음악'은 전혀 사용하지 않고 악기를 사용해 효과 '음향'만을 연주해 영화에 삽입했다.[1] 작곡 과정을 거쳐 악기로 연주해 영화에 녹음해 넣었다는 점에서 이것은 음악이다. 그러나 여기서 전통적인 음악 규칙을 찾아 내는 것은 불가능하다. 영화와 분리시켜 독자적인 연주를 할 경우 <새>의 영화 음악을 '음악'이라고 부를 사람은 없을 것이다. 음악의 기존 질서를 의도적으로 부정하는 전위 음악을 고려하지 않는 한 말이다.

　　그러나 영화 음악은 여전히 음악이다. 즉, 내용과의 상호 작용이라는 영화 내적인 질서에 제한받으면서도, 음악의 규칙 역시 충실히 따라야 한다. 영화 음악의 역사에서도 보았듯이 할리우드의 영화 음악은 후기 낭만주의 음악, 특히 바그너와 리하르트 슈트라우스 등의 큰 영향 아래 발전했다. 따라서 음악 언어에 대한 이해가 없다면 영화 음악의 작곡 또한 불가능하다. 맥스 스타이너, 에리히 볼프강 콘골트 등 영화 음악의 거장들이 모두 고전 음악에 대한 철저한 훈련을 바탕으로 영화 음악의 틀을 세운 점을 고려할 때 두 질서 사이에 위치하는 영화 음악의 기본 성격은 분명해진다. 영화의 내용과 창조적으로 상호 관계하는 경우는 물론이고 단순히 배경 음악으로 기능하는 경우에도 음악의 규칙은 중요하다. 관객의 심리를 조정하는 음악을 사용하는 경우 기존

---

1) <새>의 인물 자막에는 "sound consultant: Bernard Herrmann"이라고 버나드 허먼의 이름이 등장한다.

음악의 규칙을 더욱 충실히 따라야 하기 때문이다.

따라서 영화 속에서 음악이 행하는 역할을 분석하기 위해서는 먼저 음악 일반, 그리고 그 안에서 영화 음악이 지니는 독자성을 파악하는 것이 유용하다. 개략적으로 구분하면 영화 음악에는 세 가지 차원이 존재한다. 순수 음악적인 측면, 사회 문화적 측면 그리고 영화적 측면이다. 이 가운데 앞의 두 가지 측면은 일반 음악에도 마찬가지로 해당되는 개념이다. 세 번째 영화적 측면은 특히 영화 음악에만 적용될 수 있다. 소쉬르의 이론을 기반으로 롤랑 바르트가 세운 구조주의 / 기호학적 모델은 이 세 가지 차원을 설명하는 데 유용하다. 특히 랑그 *langue* 와 파롤 *parole* 그리고 데노테이션 *dénotation* 과 코노테이션 *connotation* 의 개념을 원용해 영화 음악의 세 가지 차원을 살펴보기로 하자.

1) 음악적 약호

음악은 추상적인 소리의 특수한 결합에 의한 커뮤니케이션 행위이다. 따라서 구조주의적 관점에서 볼 때 그것은 언어의 기능을 한다. 페르디낭 드 소쉬르는 언어체를 기호학적으로 분류하기 위해 랑그와 파롤의 개념을 세웠다. 그는 언어체가 지닌 물리적, 생리적, 개인 혹은 사회 심리적 면모 등을 분석하기 위해 랑그와 파롤을 구분함으로써 언어체의 질서를 발견하려 했다.[2)]

소쉬르에 의하면 랑그란 언어체의 사회적·약호적 측면을 반영한다. 랑그는 인간 사이의 거대한 계약, 관습의 총체에서 연유

---

2) 이어지는 랑그와 파롤의 설명은 J. 파쥬, 《구조주의란 무엇인가》, 김현 옮김, 중앙일보사, 1980, pp.28~9를 참조했다.

하는 사회적 제도이다. 말을 해서 그것을 이해시키고자 하는 개
인은 이 집단적 관습을 변경할 수 없다. 오히려 그는 거기에 적
응해야 한다. 랑그는 그러므로 자신의 항구성, 자율성을 갖는다.
랑그는 아주 느리게 진화한다. 이 항구성은 규칙 총체에 의해 세
워지며 보장된다. 따라서 랑그는 진정한 약호이다.

반면에 파롤은 개인적 행위이다. 그것은 자신과 동류의 사람
에게 말을 하는 한 인간의 구체적 사실이다. 파롤은 어떤 '표현의
자유,' 혹은 '변화의 자유'를 마음껏 누린다. 각 개인은 말과 문장
을 다루는 특별한 방법을 가지기 때문이다. 그러나 이. 자유는 매
우 엄중하게 감시된다. 파롤은 기호를 창조하지 못하며, 공통 약
호에 의지하여, 즉 랑그에 의지하여 그것들을 결합할 뿐이다.

음악에서 랑그는 순수 음악의 내적 형식으로 볼 수 있다. 한
국의 전통 음악은 크게 평조平調와 계면조界面調의 두 선법旋法을
토대로 한다. 이 두 선법을 기반으로 취타吹打, 제례악祭禮樂 등 많
은 종류의 음악이 성립한다. 그리고 각 음악은 음악 내적인 고유
의 규칙을 지닌다. 서양 음악에서도 마찬가지다. 교향곡, 협주곡,
현악 4중주 등의 음악 종류는 각기 독자적 내부 질서를 기반으로
성립된다. 이를테면 교향곡은 관악기, 현악기, 타악기군으로 이루
어진 오케스트라를 통해 연주되는 보통 4악장의 음악이다. 그리
고 악곡의 내부 구성은 소나타 형식이라는 특수한 규칙을 기반으
로 성립한다. 이러한 질서와 규칙은 사회 상황을 비롯한 다른 조
건과는 무관하게 순수하게 음악적인 것이다.

보통의 영화 음악의 경우 순음악처럼 규칙은 강제적인 것이
아니다. 음악적 약호는 영화적(내러티브적) 약호에 늘 가려지기 때
문이다. 소쉬르식으로 말하면 랑그에 대한 의존도가 현저히 낮다.

그럼에도 서양 음악 전통 위에서 성립된 미국과 유럽의 영화 음악 그리고 최근의 대다수의 상업 영화 음악들은 중심음을 지닌 조성調性에 기반을 둔다는 점에서 여전히 음악적 약호를 중시한다. 특히, 주제 음악은 관객에게 쉽게 기억되는 효과를 위해 장조長調와 단조短調를 기본으로 8음계의 전통에 의존하는 경향이 강하다.

또한 <에덴의 동쪽>, <아라비아의 로렌스>, <벤 허 *Ben Hur*>, <닥터 지바고>처럼 문학성과 서사성을 강조한 영화들은 메인 타이틀이 시작되기 전에 '서곡'이라는 자막만 화면에 등장시킨 상태에서 영화 전체를 요약하는 긴 음악을 들려 준다. 이 때 그 서곡은 영상보다 음악을 전면에 위치시킴으로써 영화적 약호보다 음악적 약호가 우위를 차지한다.[3]

일찍이 에리히 볼프강 콘골트는 자신의 영화 음악 작법에 관해 다음처럼 이야기했다.

영화를 위한 음악을 작곡하는 데 있어서 내가 늘 신경 쓰는 것은 그 음악이 영화의 목적에 잘 부합하는 것임과 동시에 영화와 독립적으로 들을 때도 훌륭한 음악으로 존재해야 한다는 사실이다.[4]

콘골트의 이 말은 영화 음악의 종속적 기능을 강조함과 동시에 음악적 약호가 여전히 중요한 요소임을 밝힌다. 콘골트의 논

---

3) 위의 영화들은 한국에서 서곡 부분이 모두 제거된 상태로 극장 상영되었고, 비디오에서도 삭제되어 있다. 줄거리 이해에 음악적 약호가 불필요하다는 업자들의 이 판단은 영화 음악의 이야기에 대한 종속성이라는 기본 성격을 오히려 뒷받침한다.

4) Tony Thomas, *Film Score: The Art & Craft of Movie Music*, Riverwood Press, 1991, p.324.

리에 의거할 때, 전통적으로 유럽의 영화 음악은 할리우드에 비해 음악적 약호를 상대적으로 중시했다고 말할 수 있다. 영화 음악의 역사를 통해 보았듯이, 1908년 <기즈 공작의 암살>을 위해 생상스가 작곡한 <현악기와 피아노 그리고 하모늄을 위한 음악 op. 128>은 영화의 줄거리에 대한 의존도가 현저히 낮은 작품이 었다. 그 결과 생상스의 이 음악은 한 편의 영화를 위해 작곡되 었다는 사실이 망각된 채 이후 독립적인 음악으로서 존재하게 되 었다. 프랑스에서는 생상스 외에도 다리우스 미요, 에릭 사티, 아르튀르 오네게르 등 고전 음악 작곡가들이 영화 음악을 작곡하는 전통을 일찍 확립했고, 그들의 음악이 할리우드의 영화에 비해 순수 음악적 전통에 충실했으리라는 사실은 쉽게 짐작할 수 있 다. 이것은 프랑스뿐 아니라 유럽의 여러 국가들에 공통된 경향 이었다.

이탈리아에서도 오페라 작곡가인 피에트로 마스카니가 영화 음악을 작곡했고, 특히 소련에서는 에이젠슈테인의 영화를 중심 으로 많은 고전 음악 작곡가들이 음악을 담당했다. 가장 유명한 예가 세르게이 프로코피에프가 작곡한 <알렉산더 네프스키>이 다. 이 음악은 영화와는 별개로 하나의 독립된 음악 작품으로서 <알렉산더 네프스키 칸타타 op. 78>이라는 제명을 지니고 일찍 부터 고전 음악 오케스트라에 의해서 자주 연주되었다. 나아가 에이젠슈테인은 '영화에 대한 음악의 종속'이라는 할리우드의 명 제에 반대하고 영화로부터 음악의 독립을 통한 대위법적 성격을 강조하는 이론적 전통까지 세웠다. 유명한 '수직의 몽타주 이론' 이 그것이다. 이 경향은 이후 유럽의 영화에서 계속 유지되어, 장 콕토는 조르주 오릭과 협력한 영화를 통해 할리우드의 미키 마우싱 방식을 부인하고 극단적으로는 음악을 영화 내용상의 분위기와 반대되는 방향으로 사용하는 등, 영화 음악의 음악적 약호를 전면에 내세웠다.

유럽의 이런 전통은 2차 대전 이후에도 계속 영향을 주었는데, 예를 들면 전체적으로 미국 영화에 비해 멜로디 중심의 독립적인 테마 음악을 자주 사용한 점, 그리고 모더니스트들의 영화에서 음악을 실험적으로 사용한 점도 모두 같은 맥락에서 생각할 수 있다.

그러나 할리우드 영화 음악의 발전 노정만 고려할 경우에도 음악적 약호와 영화적 약호 사이의 홍미로운 역학 관계의 변화를 발견할 수 있다. 1940년대 초에 아론 코플랜드는 자신이 작곡한 세 편의 영화 음악을 토대로 한 '영화를 위한 음악 조곡'이라는 제목의 음악을 콘서트 홀에서 연주했다.[5] 이후 미국에서는 영화 음악이 작품과의 연결성을 끊고 독자적으로 음악회에서 연주되는 경우가 점차 늘어났다. 그리고 사운드 트랙 앨범의 대중화를 거치면서 '영화 속의 음악'은 영화 바깥으로 나와 음악적 약호의 토대 위에서 연주되고 감상되는 것이 일반화되었다. 이제 전통적으로 고전 음악을 연주하는 오케스트라가 영화 음악을 감상용으로 연주하는 것은 낯선 일이 아니다. 존 윌리엄스의 <스타 워즈>나 <이티>의 음악들은 각각 '스타 워즈 조곡,' 'ET 조곡'이라는 명칭으로 CD로 출반되는가 하면, 버나드 허먼이 작곡한 영화 음악들, 즉 히치콕의 많은 영화 주제 음악부터 트뤼포의 <화씨 451도 *Fahrenheit 451*>, 스콜세지의 <택시 드라이버>까지의 대표적인 음

---

5) 제2장의 "기술의 진보와 사운드 트랙 앨범의 보급"을 참조하라.

악들이 이사 페카 살로넨의 지휘로 LA 필하모니 오케스트라의
연주에 의해 1996년 감상용 CD로 출반되었다. 또한 스탠리 큐브
릭의 <스페이스 오디세이>를 위해 알렉스 노스가 작곡한 음악
은 영화에 사용되지 않았음에도 불구하고 감상용으로 녹음되어
역시 CD로 출반되었다.[6]

그 결과 본질적으로 랑그에 대한 의존도가 낮은 영화 음악이
시대의 변화와 함께 고전 음악의 발전 노정을 따라 진화 발전하
며, 영화 음악에서의 음악적 / 영화적 약호의 역학 관계도 이에 따
라 변화한다고 잠정적인 결론을 내릴 수 있다.

마지막으로, 예외적이긴 하지만 작품 내적인 질서의 측면에서
영화적 약호보다 음악적 약호를 중시하는 영화들도 생각할 수 있
다. 할리우드 뮤지컬 장르는 일반 극영화에 비해 음악적 약호가 훨
씬 전면에 등장한다.[7] 그러나 월트 디즈니의 1941년 작품인 <판타
지아>는 기존의 음악들을 전곡 그대로 연주하면서 그 음악을 영
상으로 뒷받침한다는 점에서 독특한 영화다. 비록 베토벤의 <교
향곡 6번 전원>, 폴 뒤카스의 <마법사의 제자>, 차이코프스키의
<꽃의 왈츠> 등의 음악이 자체로서 느슨하게나마 이야기성을 지
니긴 하지만, 본질적으로 비재현적인 음악에 이야기를 부여한 것
은 주목할 만한 시도다. 1920년대 유럽 전위 영화의 흐름 속에서
오스카 피싱어 Oskar Fishinger 가 고안한 방식을 디즈니가 실현했다고
보아도 좋을 것이다.[8]

---

6) 제2장에서 언급한 것처럼 이 음악은 <알렉스 노스의 2001>이라는 제목
으로 바레스 사라반드 레코드사에서 출반되었다.
7) 할리우드의 전통 속에서 뮤지컬 장르가 차지하는 모호한 위치는 디제시
스 / 비디제시스 음악을 논할 때 다시 살피기로 한다.

<판타지아>의 중요한 점은 디즈니가 이전에 <실리 심포니> 등의 영화에서 시작했던 미키 마우싱 방식을 역으로 행한 점에 있다. 미키 마우싱 방식이 영상의 동작에 음악을 일치시키는 식, 즉 음악을 화면에 종속시키는 것이었다면, <판타지아>는 역으로 영상을 음악에 종속시키는 드문 경우였다. 더욱이 이 영화에서는 지휘자 스토코프스키가 필라델피아 오케스트라와 음악을 연주하는 모습을 중간에 그대로 담아 할리우드 영화의 음악 공식을 전면에서 파괴한다.[9] 이렇게 음악 사용과 관련해 볼 때 <판타지아>는 당시의 미국 영화 가운데 극히 독자적인 위치를 점한다. 그 밖에도 음악적 약호가 영화적 약호 위에 서는 경우로 프랑코 제피렐리 감독이 만든 오페라 영화 <오셀로> 등을 생각할 수 있다.

2) 사회 문화적 약호

롤랑 바르트는 소쉬르가 구분한 시니피앙과 시니피에로 이루어진 1차 언어체를 데노테이션으로 규정하고 기층 언어체와의 관계에서 드러나는 광범위한 파생체를 2차 언어체, 즉 코노테이션으로 부른다. 간단히 이야기하면 데노테이션이란 외연, 즉 겉으로 드러나는 의미의 총체를 뜻하며, 코노테이션이란 내포적 의미, 즉 일정 상황에서 그 문장이 지니는 모든 파생적 의미를 포함한다. 따

---

8) 실제로 오스카 피싱어는 <판타지아> 가운데 바흐의 <토카타와 푸가 d단조> 부분에 감독으로 참가했다가 완성되기 직전 스튜디오와의 의견 차이로 사임했다.

9) 할리우드의 주요한 음악 원칙 가운데 하나는 음악을 연주하는 사람이 화면에 등장하면 안 된다는 것이다. 투명성을 위해 연주자 없이 기원 없는 어딘가에서 음악이 들려야 한다.

라서 코노테이션의 기호, 즉 내포자 *connotateur* 들은 상황에 따라서
그 수가 많으며, 보이는 것도 있고 보이지 않는 것도 있다. 바르
트는 모든 형태의 이데올로기는 이렇게 해서 얻어진다고 주장하
고, 이 코노테이션의 언어체를 신화적 *mythologique* 인 것이라 부른다.
음악의 사회 문화적 기능도 비슷한 각도에서 접근할 수 있다.

시간과 장소에 따라 음악은 각기 다른 기능을 한다. 그리고
서로 다른 사회 문화적 배경에 의한 음악의 기능적 차이를 구성
원들이 당연한 것으로 받아들일 때 거기에는 하나의 문화적 약호
가 성립된다. 이를테면 베토벤의 <교향곡 제5번>이 콘서트 홀에
서 연주될 때와 커피 숍에서 연주될 때 그 음악의 기능과 의미는
달라진다. 마찬가지로 바그너의 오페라 <발퀴레> 가운데 <보탄
의 행진>이 프랜시스 코폴라의 <지옥의 묵시록>과 페데리코
펠리니의 <8과 1/2>의 꿈장면에서 사용된 경우, 그리고 <이유
없는 반항>의 첫머리에서 반항아 제임스 딘이 경찰서에 끌려와
입으로 흥얼거리는 동일한 멜로디는 영화적 약호와 별개로 의미
의 차이가 생긴다. 또한 오케스트라에 의해 연주되는 <80일간의
세계 일주>의 테마 음악도 영화에 사용될 때와 미스 유니버스
선발 대회에서 사용될 때는 그 문화적 의미가 달라진다.

동시에 영화 음악의 스타일 역시 사회 문화적 관습에 의해
기능하는 것이 가능하다. 이를테면 필름 느와르 영화에서 미모의
여인이 등장할 때 배경에 들리는 재즈풍의 색소폰 소리에 의해
이 여인이 주인공을 파멸로 끌어들이는 여인(*femme fatale*)임을 자동
적으로 짐작하게 되는 것도 모두 음악의 문화적 관습의 결과이다.

하나의 음악에 구체적인 역사성이 부가될 경우 그 기능은 훨
씬 복잡해진다. 바그너의 음악은 금관 악기를 사용해 큰 음량의

극적 구성을 지닌 관계로 영화에 자주 사용되는 특징이 있다. 그
러나 동시에 바그너의 음악은 바그너 자신이 주창했던 반유태주
의, 그리고 히틀러의 나치당과의 관계를 통해 부가된 역사적 의미
때문에 영화 속에서 2차 대전이나 나치당과의 관련 아래 사용되
는 경우가 많다. 앞에서 언급한 <발퀴레>의 테마는 존 랜디스
감독의 코미디 <블루스 브러더스 *The Blues Brothers*>에서도 사용되
는데, 여기서는 주인공들을 자동차로 추적하던 나치 당원들의 차
가 고가 도로 밑으로 추락하는 장면에서 코믹하게 편곡되어 배경
에 들린다. 이 때 바그너의 음악이 지닌 역사적 의미를 인지하는
경우와 그렇지 못한 경우에는 음악의 의미화에 차이를 지닐 수
있다.

　　에미르 쿠스투리차의 <아빠는 출장중>에 나오는 이바노비
치의 <도나우 강의 잔물결>도 비슷한 사례이다. 루마니아의 작
곡가 이바노비치의 이 곡은 영화 속에서 소련의 위성국으로 전락
한 동유럽 국가의 정체성을 확인하는 기능을 하지만, 한국의 보
통 관객들에게는 윤심덕의 <사의 찬미>의 멜로디로서 이해되기
쉽다.[10] 에미르 쿠스투리차는 특히 영화 속에서 음악이 지닌 역사
성을 즐겨 활용하는데, <언더그라운드 *Underground*>에서 그는 2차
대전의 상황을 <릴리 마를렌 *Lili Marleen*>의 멜로디를 들려 주면
서 설명한다.[11] 이 경우 유럽에서의 2차 대전을 상징하는 이 음악

10) "광막한 황야를 달리는 인생아 / 너는 무엇을 찾으러 가느냐……"로 시작
되는 윤심덕의 노래는 이바노비치의 이 곡에 노랫말을 붙인 곡이다.
11) <릴리 마를렌>은 맨 처음 헝가리 출신의 랄레 안데르센이 부른 곡으로
마를레네 디트리히의 곡이 유명하다. 디트리히는 독일어와 영어로 이 노래를
불렀는데, 2차 대전 중 독일군과 연합군 양측에서 사랑받던 노래이다. 이후
<릴리 마를렌>은 유럽과 미국에서 2차 대전을 상징하는 노래가 되었다.

의 역사성을 아는 유럽의 관객들에게와는 달리 그것을 모르는 관객에게는 단순한 배경 음악으로서 기능하게 된다.

그러나 역사성을 지닌 음악이 영화에 사용될 때 그것은 1차적으로 사회 문화적 약호로서 기능하지만, 이어서 영화적 약호로서의 의미를 지니게 된다. 이 두 가지는 실제로 겹쳐져 있다.

3) 영화적 약호

한 작품 안에서 그 영화의 내용과 음악과의 관계를 나타내는 차원이다. 위에서 본 영화 음악의 음악적 약호와 사회 문화적 약호는 실제로 작품 속에서는 내용, 즉 내러티브와의 긴밀한 관계를 지니고 전개된다. 앞으로 논의할 영화 음악의 내러티브적 기능들은 모두 이 영화적 약호에 관한 것이다.

2. 디제시스와 비디제시스

한 편의 영화 안에서 사용되는 음악은 형태상 디제시스적 음악과 비非디제시스적 음악으로 분류할 수 있다. 그 개념을 간단히 설명하면 디제시스적(내재적)이란 영화 속에서 진행되는 이야기 세계 안에 속하는 것이고, 비디제시스적(외삽적)이란 그 바깥에서 첨가된 상황을 뜻한다. 그러나 이러한 접근은 먼저 영화라는 매체가 지닌 이야기성에 대한 설명을 전제로 한다. 영화 음악의 종속적 기능(장식적인 배경 음악으로서의 기능)과 대위법적 기능(관객의 의식에 직접 호소하는 전경 음악으로서의 기능)이란 본질상 이야기와의 관계를 전제로 하기 때문이다. 이야기와 관련된 기본 개념은 내러티브 *narrative*(서사체)와 내레이션 *narration*(서사 화법)이다.

영화 작품에 대한 형태적 접근을 중시하는 데이비드 보드웰은 내러티브를 '시간과 공간에서 발생하는 인과 관계로 엮인 사건들의 연결'로 설명한다. 즉, 하나의 상황에서 시작되어 인과율의 유형에 따라 변화가 이어지고 종국에는 그 결말을 가져오는 새로운 상황이 발생하는 일련의 과정을 뜻한다. 그래서 내러티브는 흔히 '스토리'와 같은 의미로 사용된다. 그러나 좀더 상세한 접근을 위해서는 스토리와 플롯의 구분이 필요하다. 스토리는 영화가 화면을 통해 제시하는 사건들의 연속에, 인과성을 부여하는 추론된 사건들을 포함한다. 따라서 이것은 디제시스와 대략 일치한다. 반면 플롯은 직접 제시된 사건들에 스토리 세계의 외부적 요소들, 즉 비디제시스적인 소재들을 포함한다. 이를테면 인물 자막이나 배경 음악 등은 플롯의 영역에 속한다. 내레이션이란 플롯을 스토리로 전환시키는 데 있어서 관객을 이끌어 가는 순간순간의 과정, 즉 스토리 정보를 플롯이 분배하는 방식이다.[12]

이 구분에 따라 할리우드 고전 영화들은 대체로 내레이션보다 내러티브(또는 디제시스)를 우위에 놓는 특성을 지니고, 역으로 실험성이 강한 모더니스트들의 영화는 내러티브 대신 내레이션에 상대적 우월성을 둔다고 말할 수 있다. 즉, 할리우드의 고전 영화는 인과율을 중심으로 한 이야기의 완결을 중시함으로써 편집, 조명 등 영화의 모든 요소를 종속적 요소, 곧 관객의 눈에 쉽게

---

12) 이상 내러티브와 내레이션을 둘러싼 설명은 데이비드 보드웰·크리스틴 톰슨, 《영화 예술》, 주진숙·이용관 옮김, 이론과실천, 1993, pp.97~108에 따른 것이다.

의식되지 않는 투명한 요소로 전환시킨다. 따라서 고전 영화에서 가장 중요한 것은 디제시스의 완성이다. 반면에 모더니스트의 영화들에서는 내레이션, 즉 플롯이 이야기 정보를 분배하는 방식 자체가 전면에 놓인다. 말하자면 디제시스를 완성시키는 것은 내레이션이라는 사실을 드러내 보인다. 그래서 비디제시스적인 요소들이 이야기의 매끄러운 흐름을 방해하고, 인과 관계가 명확히 제시되지 않는 관계로 내러티브는 훨씬 느슨해진다.

내레이션에 비중을 두는 모더니스트들의 영화에서 비디제시스적 영화 음악의 사용은 당연한 일이다. 그러나 내레이션보다 내러티브를 우위에 놓는 할리우드 영화에서도 비디제시스적인 영화 음악은, 편집이나 조명 등의 요소에 비해 스토리 세계의 바깥에서 첨가된 성격이 훨씬 명확하게 드러남에도 불구하고, 관객을 디제시스 안으로 끌어들이는 데 중요한 역할을 한다. 여기서 영화 음악이 편집이나 조명과 구분되는 차이점이 지적될 수 있다. 즉, 영화 음악은 청각적인 것이다. 그리고 듣는다는 행위는 보는 것보다 덜 직접적이다. 관객들이 음원音源을 알고자 하지 않는다는 뜻이다.

그러나 영화의 여타 요소들과 비교할 때 또 다른 영화 음악의 특수성이 지적될 수 있다. 영화 음악은 디제시스적일 수도 있고, 비디제시스적일 수도 있다. 얼핏 당연해 보이는 사실이지만, 내레이션이라는 측면에서 볼 때, 그것은 편집이나 조명 등 다른 요소와 구분되는 영화 음악만의 특수한 성격이다. 더욱 중요한 것은 영화 음악이 디제시스와 비디제시스의 경계를 아주 쉽게 넘나든다는 사실이다. 이런 경우는 영화를 통해 쉽게 찾아볼 수 있다. 자크 타티의 <월로 씨의 휴가 *Les Vacances de M. Hulot*>는 사운드의 독특한 사용으로 유명한 영화지만, 여기서 디제시스와 비디제시스의 영역에 걸쳐 있는 음악 사용의 사례도 발견할 수 있다. 메인 타이틀에서 바닷가의 풍경이 보이면서 경쾌한 해변 음악이 들린다. 이 테마곡은 비디제시스적으로 수 차례 반복 사용되면서 관객에게 금세 기억된다. 얼마 후 (월로 씨가 나중에 호감을 느끼게 되는) 젊은 여성은 해변에 도착한 다음 날 자신의 호텔방 안에서 레코드를 턴테이블에 올려놓는다. 이 때 들리는 음악 역시 이 영화의 테마곡이다. 연주도 메인 타이틀에서 들리던 것과 똑같이 되어 있다. 이 동일한 테마곡이 이 장면에서는 갑자기 디제시스적으로 사용되는 것이다. 동시에 주목할 것은 동일 장면 안에서 디제시스적인 음악이 컷의 전환과 함께 갑자기 비디제시스적으로 변화한다는 점이다. 컷별로 이 장면을 분석하면 의미가 좀더 분명해진다.

C#1 젊은 여성이 레코드들 가운데 하나를 골라 턴테이블 위에 올린다. 곧이어 테마곡이 들린다. 그녀는 창가로 간다.

C#2 창문을 여는 여성의 모습이 롱 숏으로 보인다. 카메라는 호텔의 외부에 위치해서 여성의 정면을 본다.

C#3 바닷가를 바라보는 여성의 모습이 좀더 가깝게 보인다. 카메라는 역시 건물 외부에서 여성의 측면을 바라본다.

C#4 호텔 앞 거리를 거니는 중년 남녀의 모습. 롱 숏으로 보인다.

C#5 모래 사장에 서 있는 또 다른 어느 남자.

이 테마곡은 C#1에서 디제시스적으로 시작한다. 그러나 그 음악은 같은 음량으로 계속 연주되면서 C#1에서 C#5 이후까지 시간적 연속성을 부여한다. 여기서 테마곡은 C#4부터는 비디제시스로 바뀐다. 휴가를 보내는 호텔 손님들의 다양한 모습을 주제적으로 묶는 역할을 하기 때문이다. 만일 C#4에서 테마곡의 음량이 갑자기 줄어들었다면, 거리와 모래 사장에서도 호텔방에서의 레코드 음악 소리가 들린다는 상황이 지속됨으로써 그것은 디제시스적인 음악으로 남았을 것이다. 그리고 그 음악은 공간적 연속성까지 부여했을 것이다. 그러나 디제시스적 음악을 비디제시스적으로 갑자기 전환함으로써 공간적 연속성이 깨지면서 내레이션이 내러티브에 우월성을 확보한다.[13] 자크 타티는 이 영화에서 모든 사운드를 선별적으로 사용한다. 그것을 통해 해변에서 여름 휴가를 즐긴다는 것이 현실에서의 행복한 도피임을 보여 준다. 디제시스와 비디제시스를 넘나드는 음악의 사용도 의미의 맥을 같이한다.

사실 <월로 씨의 휴가>에서 보이는 이러한 음악의 사용은 모더니스트들의 영화에서만 보이는 것이 아니다. 아주 평범한 이야기 중심의 영화와 텔레비전 멜로드라마에서도 그것은 쉽게 발견될 수 있다. 사랑하는 남자와 헤어진 한 여자가 다방에서 손수건을 꺼내 우는 장면이 있다고 하자. 이 다방에서는 지금 패티김의 <이별>이 흐르고 있다. 다방의 디스크 자키가 우연히 선곡한 것이다. 이 때 패티김의 이 음악은 디제시스적으로 사용된다. 그러나 다음 숏에서 여자가 덕수궁 돌담길을 걸으며 남자를 빨리

---

13) 엄밀히 말하면 C#2에서 음악은 비디제시스로 바뀐다. C#1의 방 안에서 듣는 음량과 C#2의 카메라 위치에서 들리는 음량도 차이가 났어야 하기 때문이다. 그러나 연속성을 위한 음악의 역할 때문에 보통 이런 경우는 디제시스 음악으로 간주된다.

10. 자크 타티는 <윌로 씨의 휴가>에서 음악을 디제시스와 비디제시스의 영역에 걸쳐서 사용한다.

잊고 새로운 출발을 결심한다고 하고 이 때 패티김의 노래가 연속적으로 같은 음량으로 들려 온다면 그 음악은 갑자기 비디제시스적으로 변화한다. 그리고 이 때 비디제시스적 음악("그렇게 사랑했던 기억을 잊을 수는 없을 거야……")에 의해 여자의 노력에도 불구하고 남자를 잊는 것은 불가능하다는 의미가 생성될 수 있다.

영화 음악은 또한 한 장면에서 디제시스적인 것과 비디제시스적인 것이 공존할 수도 있다. 그 전형적인 사례가 뮤지컬 영화다. 오케스트라 반주에 맞추어 줄리 앤드루스가 화려한 극장 무대 위에서 노래하는 <밀애 *Darling Lily*>의 첫 장면은 (비록 오케스트라가 화면에 등장하지 않는다 해도) 물론 디제시스적인 것에 속한다. 반면 <사운드 오브 뮤직 *The Sound of Music*>의 첫 장면에서 줄리 앤드루스는 알프스의 벌판에서 역시 오케스트라 반주에 맞추어 노래를 한다. 이 때 줄리 앤드루스의 노래는 디제시스에 포함된다. 그러나 그녀의 노래를 반주해 주는 대형 오케스트라의 연주는 비디제시스적인 차원에 속한다. 이 수녀의 노래를 반주하기 위해 오케스트라 단원이 그녀를 쫓아다니며 연주하는 상황은 상식적으로 있을 수 없기 때문이다.

영화 음악에 있어서 디제시스 / 비디제시스적인 양면성은 이렇게 내레이션을 위한 다른 요소, 즉 편집과 조명 등의 요소와 가장 큰 차이를 만든다.

3. 디제시스적 영화 음악과 내러티브

1) 음향으로서의 기능

디제시스 *diegesis* 란 내레이션과 내러티브의 내용, 스토리 내부에서 묘사된 허구의 세계를 가리킨다. 영화에서 그것은 스크린 위에서 실제로 전개되는 모든 것, 즉 허구적 실재를 지칭한다. 등장 인물들의 말이나 몸짓, 스크린 위에서 행해지는 모든 연기들이 디제시스를 형성한다. 따라서, 디제시스적 사운드란 스크린 내의 공간에서 '자연스럽게' 발생하는 모든 소리들(배우의 말소리, 노랫소리나 배우가 연주하는 악기 소리 등)을 일컫는 말이다. 마찬가지로 디제시스적 영화 음악이란 내러티브 내부의 소스 *source* 로부터 나오는 음악이다. 그 때문에 디제시스적 음악은 흔히 '소스 뮤직'으로 불린다.

보통의 이야기 중심의 영화에서 디제시스적 음악은 무엇보다 음향으로서 기능한다. 그래서 순수 음악적 코드는 의미가 반감되고 중요한 것은 영화적 시공간과 관련된 기능의 측면이다. 화면 밖 사운드 *offscreen sound* 의 1차적 기능이 카메라의 움직임이나 편집을 통해 새로운 영화 공간으로 이야기를 진행시키는 것이듯, 디제시스적 음악은 새로운 공간을 제시할 수 있다.

프랜시스 코폴라 감독의 <대부>는 적절한 사례를 제공한다.[14] 영화는 밀실 안에서 콜레오네(말론 브란도)에게 손님들이 '비즈니스'를 하는 장면으로 시작된다. 바깥 정원에서는 콜레오네의 딸 코니(탈리아 샤이어)의 결혼식 파티가 열린다. 셋째 아들 마이클

---

14) 이하 <대부>의 대사는 시나리오 《*The Godfather*》, 변정우 옮김, 동화문화사, 1982를 참조했다.

(알 파치노)은 약혼녀 케이(다이앤 키튼)를 데리고 파티에 참석한다. 이 때 영화 배우이자 가수인 자니 폰테인이 나타난다. 케이는 마이클에게 말한다.

> 케이: "자니 폰테인을 안다고 왜 말하지 않았어요?"
> 마이클: "자니를 소개해 줄까?"
> 케이: "그렇게 해 주세요."
> 마이클: "아버지가 그의 후원자야."

이 때 자니 폰테인이 <내게는 하나의 마음밖에 없네 *I Have But One Heart*>라는 노래를 시작하고, 그것이 화면 밖 사운드로 들려온다. 케이는 자니에 대해 다시 묻지만, 마이클은 "노래나 듣자고"라고 대답한다. 그리고 편집에 의해 소녀들 앞에서 열정적으로 노래하는 자니 폰테인으로 영화적 공간은 이동한다.

디제시스적 음악은 또한 공간의 깊이를 창출한다. 쉽게 말해 음량의 크기에 따라 음원에의 근접성이 결정된다는 뜻이다. 위에서 예로 든 <대부>의 첫 장면은 '패밀리 비즈니스'가 이루어지는 내부 공간과 즐거운 결혼식이 행해지는 외부 공간이 철저하게 분리된 채 진행된다. 따라서 정원에서 벌어지는 파티의 노랫소리는 내부에서는 작은 음량으로 들린다. 이 때 음악 및 사운드는 먼저 외부와 내부에 시간적인 연결감을 준다. 철저히 분리된 공간에 시간적 연속성을 부여함으로써 '패밀리'가 지닌 두 얼굴을 부각시킨다. 또한 음량의 차이에 의해 내부와 외부를 분리시킴으로써 공간적인 연결감과 함께 깊이를 부여한다.

제라르 주네트는 디제시스를 "1차적 내레이션에 의해 지시된 시공간적 세계"라고 정의했는데,[15] 디제시스적인 음악은 사운드로서 이 시간적, 공간적 관계 안에서 1차적으로 기능한다.

2) 아이러니 창출의 효과

음악이 관객의 정서에 미치는 효과가 크다는 사실에는 이의를 제기할 수 없을 것이다. 똑같은 장면이라도 거기에 어떤 종류의 음악이 들리는가에 따라 그 장면의 전반적 정서가 결정되기 마련이다. 그러나 음악의 정서적 효과가 반드시 비디제시스적 음악, 곧 배경 음악에만 한정되는 것은 아니다.

그러나 디제시스 안에서의 음악도 적절히 사용하면 독특한 정서적 효과를 낼 수 있다. 그 대표적인 것이 아이러니 효과다. 아이러니 효과는 간단히 말해 화면에 등장하는 인물의 심리와 모순되는 종류의 음악을 들려 줌으로써 얻는 제3의 효과, 또는 예측적 효과를 말한다.

위에서 인용한 <대부>의 같은 장면에서 자니 폰테인은 결혼식에 도착해 사람들의 요구에 따라 <내게는 하나의 마음밖에 없네>라는 노래를 부른다. 남녀간의 사랑을 그린 연가다. 노래가 시작된 뒤 케이는 계속 마이클에게 묻는다. 마이클의 아버지와 이 대스타가 어떤 관계로 맺어져 있는가를.

케이: "마이클, 얘기 좀 해 줘요." (소녀들의 함성이 들리며 자니 폰테인은 계속 노래한다. "내 사랑 그대에게 드리오니 / 오직 하나뿐인 내 마음

---

15) Claudia Gorbman, *Unheard Melodies: Narrative Film Music*, Indiana University Press, 1987, pp.20~1.

을 받으소서 / 나의 꿈은 오직 이 하나뿐 / 당신의 꿈 속에 나의 흐느낌이 비치도록 / 기도하리라……")

케이: "마이클, 얘길 해 봐요."

마이클: "좋아. 자니는 처음엔 거물급 지휘자가 있는 밴드에서 전속으로 일을 했지. 그런데 인기가 아무리 높아져도 그 악단을 떠날 수가 없었어. 그래서 아버지가 그 밴드 리더를 만나러 갔지. 아버지는 자니의 대부였거든. 아버지는 1만 달러에 자니를 놓아 달라고 했지만 거절당했어. 다음 날 아버지는 루카 브라시를 데리고 가 1시간 만에 승낙을 얻었지. 그것도 단돈 1000달러짜리 수표 한 장으로."

(자니의 노래는 대화 내내 계속된다.)

케이: "어떻게요?"

마이클: "아버지는 거절할 수 없는 조건을 내세웠지."

케이: "그게 뭔데요?"

마이클: "루카 브라시는 그의 머리에 권총을 겨누고, 아버지는 말했지. 네 머리통과 사인, 둘 중의 하나를 택하라고." (놀란 듯 말을 잇는 케이. 자니의 연가는 계속된다.)

이 장면에서 자니 폰테인의 노래는 디제시스적 음악으로서 대화 내내 이어진다. 케이에게 마이클이 해 주는 집안 비즈니스의 끔찍함과 함께 이 노래의 순진무구성은 아이러니를 입어 간다. 패밀리의 잔인함을 듣는 케이의 얼굴 위로 흐르는 노래는 마지막 장면에서 케이가 부딪히는 상황을 예언하는 효과도 수반한다. 마지막에 마이클은 '패밀리 비즈니스'에서 케이를 배제시키고 거짓말도 피하지 않음으로써 새로운 콜레오네의 이중성을 스스로 실천한다. 결혼식에서의 이 장면은 냉혹함과 이중성으로 이루어진 패밀리 비즈니스의 본질을 이처럼 아이러니를 통해 전해 준다.

<대부>의 후반부 성당의 세례 시퀀스에서는 디제시스적 음악을 비디제시스적인 것과 반복해서 교차 사용해 의미를 형성해

가는 좋은 사례가 있다. 평행 편집의 대표적 사례로도 손꼽히는 이 장면에 큰 힘을 부여하는 것은 역시 성스러운 종교적 음악과 주교의 세례 성사이다. 이미 많이 분석된 장면이라서 지적하는 것만으로도 충분할 테지만, 이 시퀀스에서도 역시 음악은 시간적 연속성에 테마적 연속성을 부여하면서 패밀리 내부의 냉혹함과 이중성을 효과적으로 보여 준다.

마틴 스콜세지의 <레이징 불>에서도 디제시스 음악의 아이러니적 사용의 예를 볼 수 있다. 주인공 제이크 라모타(로버트 드 니로)가 1941년 지미 리브와의 복싱 경기를 하는 장면이다. 심판이 열등한 경기를 보인 지미 리브에게 판정승을 주자 성난 군중이 난동을 일으킨다. 심판은 화면 바깥을 향해 음악을 연주하라는 신호를 주고 화면 밖 사운드로 오르간 연주가 들려 온다. 화면이 바뀌면 오르간 주자가 전경에 배치되고 후경에는 군중의 난동 장면이 보인다. 그들의 소란스러움은 성스런 오르간 음악과 부딪쳐 일종의 아이러니를 산출한다. 마치 현 시점에서 돌아보는 제이크 라모타의 삶과 모양새가 같을지 모른다는 암시도 발견할 수 있다.

디제시스 음악은 이처럼 적절하게 사용할 경우 뛰어난 아이러니를 창출할 수 있다.

3) 디제시스적인 노래의 기능, <쥘과 짐>의 경우

뮤지컬이 아니고 이야기가 중심인 영화에서 노랫말을 지닌 노래가 등장할 경우 그것은 비디제시스적인 것이 대부분이다. 그러나 때때로 등장 인물이 직접 노래를 부르는 경우가 있다. 1950년대 할리우드에서는 웨스턴을 중심으로 등장 인물이 직접 노래하는 영화들이 몇 편 있었다. 하워드 혹스의 <리오 브라보 *Rio Bravo*>에서는 리키 넬슨과 딘 마틴이 노래를 하며, 오토 프레밍거의 <돌아오지 않는 강 *River of No Return*>에서는 마릴린 먼로가 노래를 한다. 그러나 <돌아오지 않는 강>에서처럼 등장 인물들이 직업 가수로 등장하거나 리키 넬슨, 딘 마틴처럼 실제 가수로 유명한 인물들이 영화에서 노래를 할 때는 내러티브의 진행은 순간적으로 정지하고, 노래하는 장면은 하나의 스펙터클이 된다. 노래하는 행위 자체에 관객의 관심이 놓이기 때문이다. 이것은 비디제시스적인 노래가 등장할 때도 일정 부분 공통된 현상이다.

그러나 예외적으로 등장 인물이 노래를 하지만, 그것이 단순한 구경거리를 넘어 내러티브와 미묘하게 상호 작용을 하는 경우도 찾아볼 수 있다. 프랑수아 트뤼포의 <쥘과 짐>(1962)은 그 좋은 사례다. 음악을 담당한 조르주 들르뤼는 영화 전반부의 배경이 되는 1912년, 즉 1차 대전 직전의 경쾌한 파리의 분위기를 그리기 위해 클로드 드뷔시, 에릭 사티의 영향이 돋보이는 음악을 기조로 영화를 전개해 간다. 이 영화에는 전쟁이 끝난 시점에서 주인공 카트린(잔 모로)이 직접 노래를 부르는 장면이 등장한다. <회오리바람 *Le Tourbillon*>이란 이 노래는 전체가 5절인데, 영화에서 카트린은 5절의 이 노래를 전부 부른다.[16] <회오리바람>은 노랫말부터 멜로디까지 모두 영화 전편의 주제 및 이야기 전개에 상호 영향을 미친다. 따라서 먼저 이 노래의 가사를 살펴볼 필요가 있다.[17]

---

16) 바시아크는 영화에 알베르 역을 맡아 출연하며, 카트린이 이 노래를 할 때 기타로 반주를 해 준다.

17) 국내에 나온 비디오에서 이 노래의 가사는 최소한의 의미만 전달되는 상태로 번역되어 있다. 번역은 필자가 했으며 번역의 대본은 성음사에서 발

그녀는 손가락마다 가락지를 끼고 있었고 / 손목 둘레에는 한 더미의 팔찌를 끼고 있었지 / 그리고 그녀는 노래하기 시작했는데 / 그 목소리는 나를 희롱하는 듯했지 / 그녀의 눈은 오팔 보석의 빛이었네 / 그 눈동자는 나를 매혹했지 / 그리고 그녀의 창백한 얼굴은 계란형이었지 / 그녀는 나를 파멸시킬 숙명의 여인이었다네 / 숙명의 여인이었다네

서로 알게 되고 / 또다시 알게 되고 / 서로 눈이 멀고 / 또다시 서로 눈 멀고 / 다시 서로 찾아 내고 / 다시 정열을 불태우고 / 그리고 나서 서로 헤어진다네 / 각자는 자신의 길을 떠났네 / 인생의 회오리바람 속으로 / 어느 날 밤 나는 그녀를 다시 보았다네 / 아주 오래 지나서였지 / 아주 오래 지나서였지

밴조 소리에 나는 그녀를 알아 냈고 / 그 신비로운 미소는 나를 만족스럽게 해 주었네 / 숙명적인 목소리와 창백한 아름다운 얼굴은 / 전에 없이 강하게 내 마음을 뒤흔들었다네 / 나는 그 목소리를 들으며 계속 취해 갔네 / 술 때문에 시간 가는 것도 잊었다네 / 그리고 나는 다시 일어났네 / 불타는 이마에 그녀의 입맞춤을 느끼면서 / 불타는 이마에 입맞춤을 느끼면서

서로 알게 되고 / 또다시 서로 알게 되고 / 서로 눈이 멀고 / 또다시 서로 눈멀고 / 다시 서로 찾아 내고 / 다시 서로 헤어지고 / 그리고 나서 다시 정열을 불태운다네 / 각자는 자신의 길을 떠났네 / 인생의 회오리바람 속으로 / 어느 날 밤 나는 그녀를 다시 보았다네 / 그녀는 내 품에 안겼네 / 그녀는 내 품에 안겼네

서로 알게 되고 / 또다시 서로 알게 되면 / 왜 서로 눈이 멀고 / 왜 또다시 서로 눈멀까 / 다시 서로 찾아 내고 / 다시 열정을 불태우고 난

매된 카세트테이프 <잔느 모로: 회오리바람 *Le Tourbillon*>을 사용했다.

뒤에 / 꼭 헤어질 필요가 있는 것일까 / 이제 둘이서 함께 출발했지 / 인생의 회오리바람 속으로 / 그리고 계속 빙빙 돌기 시작했네 / 둘이서 꼭 껴안고 / 둘이서 꼭 껴안고

만나서 헤어지고 또다시 만나는 인생의 소용돌이는 먼저 영화 <쥘과 짐>의 첫 모놀로그를 생각나게 한다.[18] 어둠 속에서 카트린은 이야기했다.

"넌 내게 말했지, 사랑한다고 / 난 네게 말했어, 기다리라고 / 나는 이렇게 말하려 했지, 날 데려가라고 / 그런데 넌 내게 말했지, 가 버리라고."

이 모놀로그는 배경 음악 없이 메인 타이틀 앞에 등장함으로써 영화의 전체적인 성격을 수수께끼처럼 제시한다. 이제 한참 지난 뒤에 <회오리바람>을 들으면서 관객은 카트린의 충동적인 행동들, 양가 감정적인 행동들이 이제까지 어떻게 진행되어 왔는가를 돌아보게 된다. 노래를 듣는 세 남자, 쥘과 짐과 알베르는 모두 노래 속의 숙명의 여인(femme fatale)인 카트린의 매력에서 벗어나지 못한다. 노래 속의 여성처럼 카트린은 남자를 희롱하는 목소리로 노래를 한다. 그리고 바로 그 날 밤 짐은 카트린의 술책에 의해서 괴테의 책을 가지고 그녀의 방으로 간다.

두 번째로 이 노래의 주체가 남성이라는 것도 주목된다. 노래는 처음부터 끝까지 한 남자가 여자를 만나 사랑해 가는 인생의 과정을 그린다. 여기서 카트린이 '남자가 되고 싶은 여자'라는 사

18) 아네트 인스도르프는 트뤼포가 <회오리바람>을 영화에 삽입한 동기가 막스 오퓔스의 영화 <윤무 La Ronde>의 주제를 함축적으로 삽입하기 위해서였음을 밝힌다. Annette Insdorf, François Truffaut, Cambridge, 1994, p.88.

11. 누벨 바그 시기의 영화 음악들은 내용과 다층적으로 관계하는 특징을 보인다. 사진은 조르주 들
르뤼가 음악을 맡은 <쥘과 짐>.

실을 생각할 필요가 있다. 그녀는 이미 파리 시절에 해변으로 여행을 떠나기 직전 남자가 되는 일에 성공한다. 코 밑에 수염을 그리고 탐정용 모자를 눌러 쓴 카트린은 굵은 시가를 입에 물고 거리로 나선다. 드디어 한 남자가 카트린에게 불을 빌린다. 카트린은 초조하게 그 남자의 말을 기다린다. 남자는 "신사 양반, 고맙습니다 Merci, monsieur"라고 말한다. 이 성공 이후 그녀는 다리를 건너는 경주를 '명령'하고, 다음 날 해변으로의 여행을 '명령'한다. 이렇게 법과 도덕, 윤리 등 모든 구속에서 벗어나 무정부주의적인 자유를 추구한 카트린의 성적 자유가 이 노래에는 간접적으로 배어 있다.

세 번째로 <회오리바람>의 멜로디이다. 이 노래는 영화를 통해 이 때 처음 등장한다. 비교적 단순한 멜로디는 5절까지 다섯 번이나 반복 사용됨으로써 관객의 기억에 각인될 수 있다. 그리고 이 3박자의 왈츠곡은 카트린을 상징하는 주제로서 기억된다. 이 멜로디의 처음 16마디 악보는 다음과 같다.

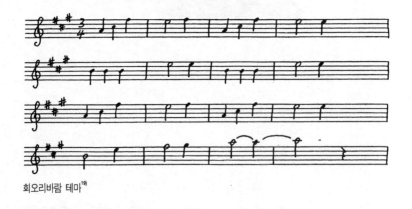

회오리바람 테마[19]

---

19) 이 악보는 필자가 음악을 듣고 임의로 꾸민 것으로 원래의 악보와는 약

이 멜로디가 영화에서 다시 들리는 것은 영화의 마지막 장면에서다. 카트린이 짐을 차에 싣고 쥘이 지켜 보는 앞에서 강물로 차를 몬다. 두 사람의 주검은 화장을 통해 재로 변한다. 그 과정이 진행되는 동안 음악은 음울한 분위기로 동행한다. 쥘이 짐과 카트린의 유골을 안치시키는 장면에서 해설이 등장한다. 그리고 이 때 장중한 음악 대신에 <회오리바람>의 멜로디가 조용히 시작된다. 그리고 다시 해설이 시작된다.

> "두 사람의 재는 단지 안에 담겨졌다. 쥘은 두 사람의 재를 함께 섞을 수도 있었으나 그렇게 하지 않았다. 카트린은 자신의 재를 바람에 흩날려 주기를 원했다. 그러나 그것은 법으로 허용되지 않았다."

해설이 끝나면서 돌아가는 쥘의 뒷모습을 향해 <회오리바람>의 후반부가 크게 들리면서 영화는 끝난다. 데이비드 보드웰의 지적처럼 단순히 카트린을 회상하는 음악 사용으로 해석할 수도 있겠지만, 해설 상황과 대치시켜 보면 조금 더 개방된 해석이 가능하다. 카트린은 모든 것으로부터 자유롭기를 원했다. 그리고 영원히 자신의 본능에 충실하기를 원했다. 젊은 쥘과 짐은 그런 그녀를 숭배했다. 그러나 이제 나이가 들고 현실 앞에서 그들의 무정부주의적 이상주의는 계속 도전에 직면한다. 셋이 함께 사는 것은 젊은 시절만큼 아름다운 모습이 아니다. 결국 카트린은 현실에 굴복하려는 짐을 데리고 스스로 죽음을 선택함으로써 현실에 맞선다. 이것은 카트린의 현실에 대한 승리일까? 그러나 그녀의 마지막 소망, 즉 재가 되어 자유롭게 바람에 날리고 싶은 욕

간의 차이가 있을 수 있다.

망은 법이라는 현실에 의해 제동이 걸린다. 그렇다면 카트린은
현실에 대해 패배했는가? 법에 의한 제동에 관한 해설과 동시에
경쾌하게 들리는 <회오리바람>의 멜로디는 이 판단에 아이러니
를 도입한다. 카트린은 승자인가, 패자인가?

　<쥘과 짐>에서 사용된 노래 <회오리바람>을 통해 디제시
스적 노래의 사용이 얼마만큼 영화 해석의 폭을 넓힐 수 있는가
를 알 수 있다.

4. 비디제시스적 영화 음악과 내러티브

1) 비디제시스적 영화 음악의 기능

디제시스적 음악은 1차적으로 음향으로서 기능한다. 즉, 디제시스
적 음악은 영화 음악으로서의 전반적인 기능 가운데 먼저 사운드
와의 특성을 공유하는 지점에서 기능한다. 따라서 일반적인 영화
음악의 기능 연구는 비디제시스적인 음악의 기능을 돌아볼 때 완
성될 수 있다. 그리고 보통 영화 음악이라고 말할 때는 대부분
비디제시스적인 음악을 칭한다.

　비디제시스적 음악은 이야기 속 허구의 실재 세계 안에서 연
주되는 음악, 즉 내러티브 내부 소스로부터 나오는 음악을 제외
한 음악을 칭한다. 대략 로저 맨벨식으로 말하면 "촬영이 끝난
뒤 작곡되는 음악"이다.[20] 물론 로저 맨벨의 정의가 비디제시스

20) 로저 맨벨·존 헌틀리, 《영화 음악의 기법》, 최창권 옮김, 영화진흥공
사, 1987, p.89.

음악에 정확히 일치하는 것은 아니다. 촬영 전 단계에서도 효과를 위한 음악은 구상될 수 있고, 때로는 먼저 작곡된 음악에 맞추어 촬영이 될 수도 있다. 또한 소스 뮤직이 반드시 촬영시에 결정되는 것도 아니다. 예를 들면 커피 숍에서 대화를 나누는 장면에서 들리는 배경 음악은 편집 이후의 과정에서 삽입될 때도 디제시스적 음악으로 기능한다. 따라서, 비디제시스적 음악은 '스토리 내부에 존재하지 않는 음악'으로 정의하면 무난할 것이다.

그러나 이것으로 충분한 건 아니다. 영화의 모든 요소 가운데 음악만은 디제시스와 비디제시스를 자유롭게 넘나드는 특성을 지니기 때문이다. 그것은 비단 <월로 씨의 휴가>처럼 디제시스에서 비디제시스로(혹은 그 역방향으로) 자연스럽게 옮겨 갈 수 있는 특성만을 말하는 것이 아니다. 순수한 배경 음악으로서 관객의 의식에 포착되지 않는 경우 그 자체로서 이미 '디제시스적으로' 관객에게 수용된다고 말할 수 있기 때문이다. 도미니크 나스타는 영화 음악의 이 특성에 주목하고, 그것을 영화 음악이 지닌 가장 중요한 패러독스라고 말한다.[21] 영화 음악은 개별 숏이라든지 편집된 시퀀스에 종속되는 것이 아니라, 그 영화의 전반적 분위기에 관계하기 때문에 (디제시스적으로는) 영화의 문맥 안에 있으면서, 동시에 (기술적으로는) 그 문맥의 바깥에 있다. 바로 그 이유 때문에 무성 영화 시절에도, 명확히 비디제시스적인 반주 음악은 관객들에게 아무런 저항 없이 디제시스의 일부로 수용될 수 있었다.

작곡가인 아론 코플랜드는 1940년대 말에 영화 음악 작곡가가 할 수 있는 일이란 "영화의 드라마적, 정서적 가치를 음악을

---

21) Dominique Nasta, *Meaning in Film: Relevant Structures in Soundtrack and Narrative*, Peter Lang SA, 1991, p.49.

통해 강화시키는 것"이라고 말했다. 그리고 그는 구체적으로 음악이 영화에서 행할 수 있는 역할에 관해 간단히 다섯 가지로 설명한다. 코플랜드의 다섯 가지 명제를 토대로 보통의 이야기 중심의 영화에서 음악이 수행하는 역할을 살펴보기로 하자.[22]

(1) 시공간적 배경을 확인시키는 기능

음악 용어에 음색(音色, *musical color*)이라는 것이 있다. 각 악기의 소리가 지닌 고유한 분위기를 뜻하는 것인데, 순수 음악적 약호가 중시되는 일반 음악에 비해 이야기를 중시하는 영화 음악의 경우 이 음색은 큰 역할을 한다. 이야기란 기본적으로 특수한 시공간이라는 배경을 가지기 때문이다.

음색은 먼저 연상적 특성을 지닌다. 이것은 앞에서 본 음악의 사회 문화적 약호의 개념으로도 설명할 수 있다. 예를 들면 오보에 소리는 그 자체로 전원적인 평온함을 전해 준다. 롤랑 조페의 영화 <미션 *The Mission*>에서 가브리엘 신부(제레미 아이언스)는 <가브리엘의 오보에>라는 곡을 오보에로 불면서 원주민에게 접근한다. 이 악기가 지닌 순수한 목가적 음색을 적절히 활용한 사례로 볼 수 있다. 나아가 영화 속에서 민속 악기를 사용할 경우는 음색이 지닌 연상 작용에 의해 영화 속 배경이 보강된다. 백파이프를 사용하는 경우 스코틀랜드, 시타르를 사용하는 경우 인도, 고토를 사용하는 경우 일본을 연상하는 것은 어려운 일이 아니다. <닥터 지바고>에서 모리스 자르가 오케스트라 음악 속에 러시아의 전통 악기 발랄라이카 소리를 도입한 것도 이 효과를 위해서이다.

---

22) 아론 코플랜드의 다섯 명제는 Roy Prendergast, *Film Music: A Neglected Art*, Norton, 1977, pp.213~26 참조.

캐럴 리드 감독의 <제3의 사나이> 역시 오스트리아의 전통 악기인 치터 음악을 전편에 걸쳐 사용한다. 사건이 전개되는 비엔나라는 도시의 정체성은 시종 음악에 의존하는 것이다.[23]

동시에 악기는 시간 배경에 관한 정보도 전달한다. 관객은 특수한 시대의 고유 악기 소리를 통해 시대적 배경을 연상한다. 조선 시대를 배경으로 한 사극에 시종 색소폰이 연주된다면 참으로 우스꽝스러울 것이다. 이처럼 악기의 적절한 선택에 의해, 음악적인 구조나 음악 내적 규칙과 별개로 음악은 영화의 시공간적 정보를 강화시킬 수 있다.

이러한 역할이 악기 고유의 음색에만 의존하는 것은 아니다. 각 나라마다 지닌 독특한 음악 선법을 활용하는 것 역시 가능하다. 서양식 8음계에 기반을 두고 음악을 사용하는 전통적 할리우드 영화라도 중국(또는 차이나타운)을 배경으로 하는 장면에서 8음계 대신에 5도 음계에 기반을 둔 중국 음악의 선법을 활용하는 경우는 드물지 않다. 강우석 감독의 <마누라 죽이기>에서도 음악의 선법이 지닌 시공간적 고유성을 적절하게 사용한 사례를 발견할 수 있다. 아내(최진실)가 죽기를 바라는 남편(박중훈)은 점쟁이에게서 부적을 받아 온다. 화장실에 앉아 그는 이마에 부적을 붙이고 밀짚 인형을 송곳으로 찌르면서 사악한 주문을 왼다. 여기 동행하는 음악은 신비로운 인도를 연상시키는 선법의 음악이다. 이 음악에서는 "수리수리 마하수리……" 하는 마법의 주문이 즉시 느껴진다.

---

23) 로저 맨벨은 치터로부터 나오는 우울하면서도 짜릿한 선율이 주인공 해리 라임의 범죄 행위로 대표되는 새로운 사회악에 직면한 폐허의 비엔나 사람들이 과거의 영광스런 비엔나를 향해 품던 낭만적 향수를 창조한다고 지적한다. 맨벨・헌틀리, 앞의 책, p.147.

(2) 인물의 내부 심리, 상황의 숨겨진 의미를 창출하는 기능

음악은 등장 인물의 내부 심리 상태를 표현하는 데 중요한 역할을 한다. 영화를 구성하는 많은 요소 가운데 인물의 숨겨진 감정을 표현하는 힘이 음악만큼 강력한 것은 없을 것이다. 그리고 보통의 경우 한 편의 영화를 통해 음악은 심리적인 묘사에 크게 기여한다.

<에덴의 동쪽>의 도입부는 적절한 사례가 될 수 있다. 영화가 시작되면 검은 베일을 걸친 여자가 멀리서 걸어온다. 여자가 화면의 왼쪽으로 가면 카메라도 따라서 왼쪽으로 움직인다. 그리고 길가에 앉아 있는 젊은이 캘(제임스 딘)이 프레임 왼쪽에 들어온다. 캘이 화면에 들어오는 것과 맞추어 불안한 불협화음의 음악이 시작된다. 이 멜로디는 캘의 심리를 잘 보여 준다. 처음으로 등장하는 인물들이라서 아직 아무런 관계도 설정되지 않은 상태지만, 관객은 캘에게 동행하는 불안한 음악을 통해 두 사람이 무언가 복잡한 관계로 얽힌 인물임을 짐작하게 된다.

더 직접적인 심리 묘사의 예는 앨런 파커 감독의 <미드나이트 익스프레스>의 끝장면에서 가져올 수 있다. 주인공 빌리(브래드 데이비스)는 이스탄불의 감옥에서 자신을 고문하려는 간수장을 살해한다. 다음 장면에서 그는 간수장의 옷으로 갈아입고 감옥의 정문을 향한다. 이 때 작곡자인 조르지오 모로더는 빌리의 심장 박동 소리를 전자 음악으로 만들어 계속 그를 따라다니게 한다. 음악이 아니었으면 그의 불안감이 이토록 생생하게 관객에게 전이되기는 힘들었을 것이다. 그리고 감옥을 나서려는 그에게 간수한 명이 열쇠를 던져 준다. 그 열쇠가 땅에 떨어짐과 동시에 테마 음악이 흐른다. 밝은 희망의 이 음악은 박동 소리와 겹쳐 들

린다. 그리고 감옥 문을 열고 나오는 순간 박동음은 사라지고 테마 음악이 큰 음량으로 들려 온다. 모두 빌리의 심리 변화를 음악을 통해 보여 주는 것이다.

음악은 나아가 영화 속 상황의 숨겨진 의미를 드러낼 수도 있다. <에덴의 동쪽>의 음악을 작곡한 레너드 로젠만은 다음과 같이 말한 적이 있다.

> 영화 음악은 (영화에서의) 자연주의 *naturalism* 를 현실성으로 바꾸는 능력이 있다. 실제로 영화에 대한 음악의 기여는 이상적으로는 상위 현실성 *supra-reality* 을 창조하는 것이어야 한다. 즉, 문학적인 자연주의의 요소들이 인식상의 변화를 가져와야 하는 것이다. 이를 통해 관객들은 엄격한 자연주의의 축 아래서는 불가능한, 행동과 동기 부여의 상이한 측면들에 대해 통찰하게 된다.[24]

그가 말하는 상위 현실성이란 사진적 재현에 의한 표면적인 현실성을 넘어서, 음악을 통해 그 내부에 숨겨진 현실성이 드러나는 것을 일컫는다. 음악이 행하는 이 '암시적 현실 드러내기'의 기능은 위에서 본 것처럼 1차적으로는 등장 인물의 심리를 표현하는 것으로 행해질 수 있다. 그러나 때로는 하나의 시퀀스 전체가 음악을 통해 상위 현실성을 드러내는 기능을 할 수도 있다. 영화 <미션>에 페루의 원주민이 침략자 스페인인들에 맞서 전투하는 장면이 있다. 상식적으로는 치열한 전투 장면이니만큼 긴박한 전쟁 음악이 따라야 하겠지만, 실제로 여기에 흐르는 음악은 성스러운 느낌의 종교 음악이다. 이렇게 화면의 내용과 일 대

---

24) Prendergast, 앞의 책, p.217.

12. 엔니오 모리코네는 <황야의 무법자>를 비롯한 세르지오 레오네의 영화에서 잔혹한 이미지와는
상반되는 감미로운 음악을 사용했다.

일로 조응하지 않는 음악이 삽입되면, 그것은 하나의 해석이 아닌 다층적 해석을 가능하게 한다. <미션>의 음악을 담당한 엔니오 모리코네는 <황야의 무법자>와 <석양의 무법자>, <웨스턴 Once Upon a Time in the West> 등의 마카로니 웨스턴 영화를 통해, 잔혹한 연상과 완전히 상반되는 감미로운 음악을 흐르게 함으로써 영상의 의미를 재고하게 하는 것을 자신의 작곡 스타일로 삼았다.

(3) 순수한 배경 음악으로서의 기능

할리우드 고전 영화 음악의 원칙 가운데 하나는 "음악이 있되, 관객이 의식하지 못하게 해야 한다"는 것이다. 순전한 배경 음악으로서의 역할이 바로 그것이다. 이것은 무성 영화 시대 초창기에 가장 중시된 기능이었고, 특별한 작곡가가 필요하지도 않았다. 단지 음악이 거기 있으면 되었고, 따라서 이 때의 음악이란 단순히 매끄러운 사운드로 기능하는 측면이 없지 않았다.

　보통 배경 음악은 다이얼로그의 뒤편에 연속적으로 들리면서, 거기에 무언가 소리가 '있다'는 것을 관객의 무의식 안에 확인시키는 역할을 한다. 아무 소리도 없으면 관객이 의식을 하기 때문에 빈 공간을 채워 넣는 역할을 하는 것이다.

　이러한 배경 음악은 흔히 영화 음악 가운데 가장 종속적이고, 창조성이 적은 것으로 간주된다. 따라서 작곡가들에게도 달갑지 않은 작업으로 받아들여진다. 그렇다고 해서 그 작업이 쉽다는 뜻은 아니다. 오히려 관객이 의식하지 못하게 하면서도 영화 진행에 도움이 되는 음악을 길게 유지해야 하기 때문에 더욱 어려울 수 있다. 실제로 아론 코플랜드는 이런 종류의 음악이 "때로는 작곡가들에게 내적인 만족감을 줄 수 있다. 아무도 주목하지 않고 내재적 가치도 덜한 이런 음악을, 전문가적 수완을 통해 생동감 있게 만들 수 있기 때문"[25]이라고 말했다.

순수한 배경 음악으로서의 영화 음악은, 연구가들 사이에서도 대개 무시되었다. 그러나 최근에 클로디아 고브먼 같은 사람은 실용성을 중시한다는 점에서 배경 음악과 이지 리스닝 음악을 같은 차원에 놓고 그 기능에 대해 주목한다.[26]

(4) 영화에 연속성을 부여하는 기능

영화는 다른 시간에 다른 상황에서 찍은 단편들을 연결시켜 이야기를 만들어 간다. 여기서 가장 중요한 것은 연속성이다. 음악은 영화에 시공간적 연속성을 부여함으로써 하나의 디제시스를 완성하는 역할을 수행한다. 특히, 몽타주 시퀀스에서는 음악이 테마적 연속성을 부여하는 중심 수단이다.

(5) 영화의 감성적 토대를 구축하는 기능

음악은 모든 예술 형태 가운데서 인간의 감성과 정서에 직접 호소하는 능력이 가장 탁월하다. 극단적인 추상 예술로서 음악은 현실로부터 가장 거리가 멀고, 따라서 현실성을 토대로 하는 인간의 논리적, 합리적 방어 기제를 뚫고 들어가 감정을 조정하기 때문이다. 버나드 허먼은 그런 점에서 음악을 "영화와 관객을 연결하는 의사 소통의 고리이며, 그것을 통해 모두 동일한 경험을 하도록 만드는 것"이라고 지적했다.[27]

---

25) 같은 책, pp.217~8.
26) 비디제시스적 음악과 이지 리스닝 음악과의 관계는 제3장의 "기능 음악으로서의 배경 음악, 그리고 봉합의 문제"를 참조하라.

영화를 직접 제작해 본 사람이라면, 편집까지 마친 상태에서 아직 음악이 들어가지 않은 영화와, 같은 작품에 음악을 잘 녹음해 넣은 영화가 지닌 큰 차이를 인식할 것이다. 어떤 점에서 그것은 수없이 발견되는 흠집을 매끄럽게 가려 주는 놀라운 음악의 위력에 대한 발견이기도 하다. 따라서, 많은 제작자와 감독들은 사실 음악의 이런 기능에 가장 주목하는 경향이 있다.

문제가 많은 장면을 훌륭하게 만들어 달라는 주문을 받고 버나드 허먼이 감독에게 한 대답은 현답으로 유명하다. "화장을 해서 살아 있는 듯이 보이게 할 수는 있겠지만, 그렇다고 되살릴 순 없겠죠."[28] 허먼의 말은 음악의 감성에 대한 호소력이 아무리 강해도, 영화의 기본 드라마 토대가 잘 짜여질 때 비로소 위력을 발휘할 수 있음을 보여 준다.

아론 코플랜드는 영화 음악의 기능으로 대략 위의 다섯 항목을 들었지만, 그것은 작곡가로서의 그의 실제 경험을 바탕으로 한 것이다. 그 결과 코플랜드의 지적에는 영화의 기본 성격에 비추어 볼 때 비디제시스적 영화 음악이 수행할 수 있는 역할 가운데 가장 중요한 것이 빠져 있다. 따라서 위의 다섯 가지 기능에 이어 몇 가지 사항을 추가할 수 있다.

(6) 영화의 진행감에 도움을 주는 기능
시간 예술로서 영화가 지니는 속도성과, 역시 시간 예술로서 음악이 지니는 속도성의 결합 형태에 따른 역할들이다. 다시 말해

---

27) George Burt, *The Art of Film Music*, Northeastern University Press, 1994, pp.10~1.
28) David Bell, *Getting the Best Score for Your Film*, Silman-James Press, 1994, pp.10~1.

영화 속 사건의 전개를 더욱 빠르게 한다든지 그 속도를 늦출 수 있는 음악의 역할이다. 로저 맨벨도 기능적인 음악이 행하는 역할들 가운데 영화의 액션과의 관계를 가장 중시한다.

<벤 허>, <클레오파트라 *Cleopatra*>, <엘 시드> 등 서사적 영화의 경우 음악은 필수적이다. 전쟁 장면을 비롯해 규모가 큰 장면들은 금관 악기를 중심으로 하는 바그너풍의 음악에 의해 웅장함과 속도감을 얻을 수 있다.

1970년대 이후 미국의 주류 영화계에서 모험 영화 *adventure film* 가 부활하면서 음악의 이러한 기능은 더욱 중시된다. 특히, 조지 루카스나 스티븐 스필버그의 모험 영화들의 음악을 많이 작곡한 존 윌리엄스는 속도감 있는 음악 사용에 뛰어나다. <인디애나 존스> 시리즈나 <스타 워즈> 시리즈 등의 모험 영화들은, 특히 추적 장면에서 다이얼로그의 중요성이 후퇴하는 대신 영화의 액션에 초점이 맞추어진다. 음악은 속도감을 배가시킴으로써 관객의 심리를 화면의 빠른 변화와 일치시킬 수 있다.

때때로 음악은 영화의 액션이 진행되는 방향과 반대 방향으로 사용될 수도 있다. 이를테면, <플래툰>의 첫 장면처럼 전쟁 장면에 사무엘 바버의 음악 <현을 위한 아다지오>를 사용하는 등 화면의 속도감과 음악의 속도감을 역으로 사용하는 경우이다. 물론 이것은 레너드 로젠만이 말하는 상위 현실성을 추구하는 경우에도 해당한다.

(7) 인물의 상징으로서의 음악의 기능

첫번째 항목에서 영화 음악이 그 연상적 위력에 의해서 영화의 시간적 배경과 공간적 배경을 확인시킬 수 있음을 지적했다. 음악의 연상적 기능은 나아가 드라마 안에서 특수한 인물(또는 상응하는 특수 대상)을 상징할 수 있다. 라이트모티프의 영화적 사용에 의해서 그것은 어렵지 않게 수행될 수 있고, 실제로 많은 영화에서 이 상징을 활용한다.

데이비드 린의 <닥터 지바고>에서 유명한 <라라의 테마>는 주인공 지바고(오마 샤리프)가 라라(줄리 크리스티)를 생각할 때, 또는 라라와 함께 생활하는 장면에서만 사용된다. 이 테마는 라라를 상징하는 음악이기 때문이다. 부인인 토냐(제럴딘 채플린)와 바리키노에서 생활하면서도 지바고의 마음은 건넛마을인 유리아친에 있는 라라를 향한다. 라라를 생각하는 지바고의 내면 심리는 모두 음악에 의해 표현된다. 두 번째 항목에서 본 인물의 내부 심리를 드러내는 음악의 역할은 이렇게 상징으로서의 역할과 겹쳐질 수 있다.[29]

나아가 테마 음악은 인물 이외의 대상으로 상징되어 화면에 등장하지 않는 상태에서의 액션 기능까지 수행할 수 있다. 좋은 예가 스티븐 스필버그의 <조스>다. 존 윌리엄스가 작곡한 <조스>의 테마 음악은 식인 상어를 상징한다. 바닷속에서 카메라가 인간에게 접근해 가면서 테마 음악이 음산하게 들려 올 때, 관객은 화면에서 상어의 모습은 발견할 수 없으면서도 이 카메라의 시점(POV)이 바로 상어의 시점이라는 것을 음악을 통해 연상할 수 있다.

29) <닥터 지바고>에서 데이비드 린은 라라의 상징으로서 음악 이외에도 색채를 자주 사용한다. 지바고에게 라라는 늘 노란색, 특히 노란색 꽃으로 상징된다.

2) 영상과 음악의 대위법

원칙적으로 음악이 영화의 내용과 어떻게 관계하는가 하는 질문은 영상과 음악과의 위상이 어떠한가의 문제로 바꾸어 볼 수 있다. 그것은 바로 영상과 음악과의 대위對位에 관한 질문이다. 일찍부터 에이젠슈테인을 비롯한 많은 감독들은 음악이 현재의 영상이 지닌 의미와 동일한 방향을 취하는가, 중립적인가, 역의 방향으로 가는가에 의해서 각기 다른 의미가 생성된다는 이론적 가설을 세웠다.

이 가설은 영화 역사의 초창기에 소련에서 행해진 몽타주 실험의 원형과 맥을 같이한다. 쿨레쇼프가 행한 배우 이반 모주힌의 실험이 그것인데, 이론상 같은 실험을 영상과 음악에도 똑같이 적용시킬 수 있다. 즉, 잠자는 한 남자의 무표정한 얼굴 영상 위에 경쾌한 음악을 사용하는 경우와 음울하고 불길한 음악을 사용하는 경우 그 의미는 달라질 것이다. 그런데 쿨레쇼프의 편집 실험 때와 마찬가지로, 이 가설은 영상과 음악이 동일한 가치를 지니며, 두 요소가 결합할 때까지 아직 구체적 의미가 결정되지 않는다는 것을 전제로 한다. 그러나 음악은 영상과 청각 / 시각이라는 차이를 지닐 뿐 아니라 의식에 수용되는 국면도 그에 따라 차이가 있다. 더욱이 시간 예술인 음악에 영상을 같은 위상으로 위치시킬 때 거기에는 필연적으로 이야기성이 개입된다.

먼저 음악의 한 형식인 대위법의 개념과 특징을 알아볼 필요가 있다. 그 때 음악과 영화의 대위법의 차이를 알 수 있기 때문이다.

음악에서 대위법이란 용어는 두 개 이상의 멜로디에 관계된 상황에 적용된다.[30] 이 멜로디들은 각기 독립성을 유지하며 음악적으로도 자족적이다. 이 두 개가 결합해 각 부분의 합계 이상의 효과를 생성한다. 즉, 변증법적이다. 이러한 음악의 대위법은 하나의 멜로디에서 다른 것으로 관심을 이동시키면서 전체적인 체험을 가능하게 한다. 현악 4중주를 예로 든다면 하나의 주제가 제1바이올린에서 비올라 그리고 첼로로 이동하면서(또는 역방향으로 이동하면서) 전체를 강화한다. 음악의 대위법은 전통적으로 '역방향 진행'의 방식을 중시한다. 즉, 두 개의 멜로디가 서로 다른 방향으로 움직여 가면서 전체를 풍요롭게 만드는 것이다.

영상과 음악의 관계를 대입시킬 때 음악의 대위법과 연결시킬 수 있는 근거는 쉽게 찾을 수 있다. 우선 영상과 음악은 그 특성상 시각과 청각이라는 점에서 분명한 독립성을 지닌다. 각각의 기능도 자족적이며, 결합에 의해 전체적으로 강화된 체험을 가능하게 한다. 더욱이, 레너드 로젠만의 상위 현실성의 예에서 본 것처럼, 영상과 음악이 서로 다른 방향으로 기능하는 것도 가능하다.

그러나 동시에 영상과 음악과의 결합과 음악 사이의 대위법은 그대로 적용하기 힘든 한계를 가진다. 먼저 음악의 대위법에서는 두 개 이상의 멜로디들이 각각 주도적일 수도 있고 부수적일 수도 있다. 즉, 멜로디들 사이에 본질적인 비중은 같다는 얘기다. 그러나 영화와 음악은 그렇지 않다. 보통의 경우 중심은 이야기에 있다. 또한, 대위법이 기본이 되는 음악 형식들, 카논 *canon*, 푸가 *fugue*, 인벤션 *invention* 등에 있어서 두 멜로디 사이의 모방적

---

30) 음악의 대위법에 관한 설명은 Burt, 앞의 책, p.6을 참조했다.

관계는 쉽게 분간 가능하다. 즉, 한쪽이 연주한 것을 다른 쪽이 반복해 진행할 때 그 주제는 금세 인식될 수 있고 둘 사이의 관계도 즉시 정립된다. 그러나 영화와 음악의 결합에서는 두 요소 사이의 관계를 인식하는 데 어려움이 따른다. 영화는 문학적 정보, 드라마 그리고 가시적인 그림으로 이루어진 반면, 음악이라는 대립 요소는 추상적이고 상징적인 특성을 가지기 때문이다.

따라서 영화와 음악과의 관계를 대위법적 성격으로 일반화하는 대신에, 구체적으로 어떤 사용 방식에서 대위법적 구성이 생명력을 지니고 내러티브적 의미 생성을 풍요롭게 하는 데 기여하는가를 발견하는 것이 더 중요할 것 같다. 보통의 영화에서 대위법적 구성으로서 자주 등장하는 것은 영화의 내용상 서로 밀접한 관계를 지닌 두 개의(혹은 그 이상의) 장면에서 음악도 그 관계에 조응해 변형 사용되는 방식이다. 이 때 다른 악기를 사용해 음색을 달리한다든지, 속도를 변화시킨다든지, 아니면 장조를 단조로 바꾼다든지 하는 식으로 변주해 사용하는 것이 보통이다. 영화 <쥘과 짐>은 이 경우에도 좋은 사례를 제공한다.

<쥘과 짐>에서는 영화의 전반부와 후반부에 외형상 똑같은 상황이 반복 사용된다. 이 때 동일한 멜로디가 각각 장조와 단조로 변형 사용됨으로써, 표면상 같은 상황이지만 그 상황을 만들어 가는 등장 인물들의 심리가 완전히 변화했음을 비디제시스적 음악 사용을 통해 관객에게 보여 준다(역으로 등장 인물의 심리는 그대로지만 상황이 변화했다고도 말할 수 있다). 젊은 쥘과 짐과 카트린이 해안 도로에서 자전거를 타는 시퀀스, 그리고 전쟁이 끝난 뒤 짐이 스위스 산 속에 살고 있는 쥘과 카트린을 방문해 함께 자전거를 타는 시퀀스의 대조가 그것이다.

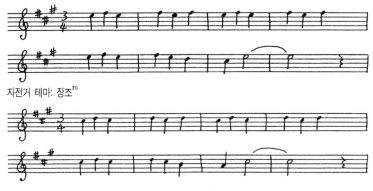

자전거 테마: 장조[31]

자전거 테마: 단조

만난 지 얼마 안 된 쥘과 짐과 카트린이 함께 자전거를 타고 해변으로 가는 장면, 그리고 해변에서 쥘의 청혼을 카트린이 수락한 뒤 돌아가는 장면에서는 경쾌한 장조의 멜로디가 들린다. 이 때 쥘과 짐은 똑같은 복장을 하고 있으며, 세 명은 이상적인 삶을 꿈꾼다.

그러나 알베르가 찾아와 노래를 한 뒤 가지는 자전거 여행에 동행하는 멜로디는 단조로 바뀐다. 그리고 연주 악기의 숫자도 줄어 쓸쓸한 느낌을 영상에 부여한다. 알베르는 옆길로 떠나가고 쥘과 짐과 카트린이 남지만 그럼에도 상황은 전과 같지 않다. 콧수염을 깎은 짐의 자전거에는 어린 사빈느가 올라 앉아 있다. 카트린은 지금 한 남자의 아내이고, 한 아이의 어머니인 것이다.

이 테마는 이후에도 사용된다. 그러나 꼭 쥘과 짐과 카트린이 함께 있는 장면에서만 사용된다. 기본적으로 세 사람이 함께 생활했던 '이상'의 시절을 상징하는 테마이기 때문이다. 이제 '현실'

31) 이 악보 역시 필자가 음악을 듣고 꾸민 것으로 원래의 악보와는 약간의 차이가 있을 수 있다.

속에서 살아가야 하는 세 사람에게 같은 음악은 단조로서 동행한
다. 꼭 한 번 젊은 시절과 마찬가지로 명랑한 장조의 멜로디가
들리는 장면이 있는데, 셋에서 한 집에 모여 살면서 사빈느까지
어울려 즐겁게 도깨비놀이를 하는 장면이 그것이다. 그러나 이
장면에는 "마을 사람들은 그들을 세 명의 미치광이라고 불렀다"
는 해설이 덧붙여진다. 아이러니의 기능이 덧붙여지는 것이다.

　영화와 음악 사이의 대위법적 관계는 다른 차원에서도 설정
될 수 있다. 알랭 레네의 영화 <히로시마 내 사랑>에서 음악의
대위법적 사용은 많은 사람들의 분석 대상이 되었다. <히로시마
내 사랑>의 음악은 조르주 들르뤼가 작곡한 것으로 알려졌지만,
그가 담당한 것은 일부였고 중요한 테마들은 모두 조반니 푸스코
가 작곡을 했다. 이 영화의 음악 분석은 편집자 앙리 콜피에 의
해 처음으로 시도되었다. 콜피는 <히로시마 내 사랑>의 테마들
이 대위법적으로 기능할 뿐 아니라 그 음악들은 화면에 드러나지
않는 인물들의 내면 감정을 표현한다는 것을 지적했다.

　<히로시마 내 사랑>은 히로시마에 온 프랑스의 여배우(엠마
누엘 리바)가 일본인 건축가(오카다 에이지)를 만나 사랑하는 과정에
서 히로시마의 비극과 옛 느베르 강변에서의 고통스러운 기억이
의식 속에서 교차되는 양상을 그린 영화다. 그런데 앙리 콜피에
따르면, 여기서 장소에 관련된 고유 테마들은, 할리우드 공식과는
반대로, 화면에 보이는 장소와 때때로 어긋나게 사용된다. 푸스코
는 일본인 남자와 프랑스 여자의 사랑 장면을 위해서는 <육체의
테마>, 기억 속의 느베르 장면을 위해서는 <느베르의 테마> 등
을 만들었다. 그런데 <육체의 테마>는 느베르 헛간 안에서의 사
랑 장면과 히로시마 호텔에서의 사랑 장면에 모두 등장하며, <느

베르의 테마> 역시 일본에서의 장면에까지 연결 사용된다. 외면
(= 현상, 히로시마)에 대한 내면(= 의식, 느베르)의 침입을 통해 의식의
흐름을 좇는 이 영화에서 음악은 이렇게 경계를 넘나들면서 결국
히로시마와 느베르, 또는 외면과 내면의 일치를 향해 나아간다.

　도미니크 나스타는 앙리 콜피의 <히로시마 내 사랑> 음악 분
석의 연장선 위에서 스탠리 큐브릭의 <스페이스 오디세이>에서
사용된 요한 슈트라우스의 <아름답고 푸른 도나우 강>, 프랜시스
코폴라의 <지옥의 묵시록>과 페데리코 펠리니의 <8과 1/2>에서
사용된 바그너의 <발퀴레>를 마찬가지로 대위법 관계라는 측면
에서 접근한다.[32]

3) 비디제시스적인 노래의 사용

뮤지컬을 제외하면 할리우드에서 1930, 1940년대를 통해 노랫말이
있는 음악이 사용되는 영화는 드물었다. 음악은 이야기 진행에
도움을 주는 것을 원칙으로 했기 때문에, 등장 인물이 가수라는
직업을 가지고 있을 때 디제시스적으로 사용되는 경우 외에는 드
물었다. 반면 뮤지컬의 전통이 없는 유럽에서는 극영화에서 일찍
부터 디제시스적으로든 비디제시스적으로든 노랫말이 있는 음악
이 더 자주 사용되었다. 토키 초창기의 명작 가운데 하나로 꼽히
는 조셉 폰 스턴버그 감독의 <탄식하는 천사 *Der Blaue Engel*>에서
는 가수인 주인공 롤라(마를레네 디트리히)가 노래하는 모습이 내러
티브와 긴밀한 관계를 맺으면서 전개된다.

---

32) 도미니크 나스타의 분석은 Burt, 앞의 책, pp.74~5 참조.

일반적으로 영화에서 노래가 등장할 때는 내러티브와 충돌하기 쉽다. 노랫말이 전면에 나오는 노래는 자체적으로 독립된 이야기를 지니기 때문이다. 더욱이 잘 알려진 노래가 등장할 때는 그 자체로 관객의 관심을 끌 수 있기 때문에 내러티브에의 몰입이 그만큼 느슨해진다. 디제시스적 노래의 경우에는, 특히 등장인물의 이야기 속 직업이 가수인 경우 노래 자체가 내러티브 안에 포함될 수 있으므로 위험성은 경감된다.[33] 이야기 속에서 직업 가수가 아닌 경우라도 노래를 할 경우 그 노래는 보통 내러티브와의 관련 속에서 해석된다. 따라서, 앞의 <쥘과 짐>에서 본 것처럼 노래는 내러티브와 상호 소통할 공간이 그만큼 남아 있다.

문제는 비디제시스적인 노래를 사용하는 경우다. 비디제시스적 노래도 어떤 식으로든 해당 영상과의 일정한 관계를 성립한다. 그러나 내러티브와 상호 작용할 수 있는 공간은 제한되어 있다. 그래서 1950년대부터 할리우드 영화에서는 노래를 삽입할 때 대단히 신중했다.

1952년 프레드 지너만 감독의 <하이 눈>이 주제가를 히트시킨 최초의 영화란 것은 앞서 영화 음악의 역사를 통해 지적했다. 텍스 리터가 부른 이 주제가는 영화의 내용과 밀접한 관계를 지닌 것이었다. "나를 떠나가지 마오, 내 사랑이여 / 오늘 우리의 결혼식 날에 / 날 버리지 마오……." 보안관 임기를 마친 윌 케인(게리 쿠퍼)이 에이미(그레이스 켈리)와 결혼식을 올리고 마을을 떠나는 시점에서 영화는 시작된다. 그 때 전신 기사가 메시지를 들고 달

---

33) 물론 인기 가수가 영화에 출연해 히트곡을 부르는 경우는 또 다르다. 이 때는 영화가 하나의 이벤트가 되어 버린다. 가수가 등장하는 영화가 작품으로서 크게 평가받기 힘든 건 이 때문이다.

려온다. 몇 해 전 케인이 체포해 감옥에 보낸 살인자 프랭크 밀러가 복수를 하기 위해 마을에 도착한다는 것이다. 케인은 마을에 남아 악당과 싸울 것을 결심한다. 그러나 에이미는 그런 케인을 떠나려 한다. 주제가는 바로 케인의 심정을 노랫말로 그린 것이었다. 그러나 이렇게 내용과 일치하는 주제가라도 이야기가 진행되는 도중에 사용한 것이 아니라 맨 처음 메인 타이틀의 배경으로 사용했을 뿐이다. 비슷한 시기에 만들어진 영화 <자니 기타>에서 페기 리가 부른 노래도 "기타를 쳐 주오 / 다시 한 번 쳐 주오 / 나의 자니 기타여……"라는 노랫말과 함께 여주인공 비엔나(조운 크로포드)의 자니 기타(스틸링 헤이든)를 향한 심리를 그린 내용이다. 이 노래도 영화의 이야기가 마무리된 후인 맨 마지막에 들린다.

그러나 1960년대에 들어와서는 사정이 달라졌다. 팝 음악이 젊은 세대를 대표하게 되었고, 따라서 젊은 세대를 겨냥한 영화들은 팝 음악을 전면에 내세웠다. <졸업>과 <이지 라이더>가 대표적인 경우다. 이들 영화에서는 비디제시스적인 팝 음악들이 영화의 중간중간에 자주 들린다. <졸업>에서는 사이먼과 가펑클의 히트곡들을 많이 사용했는데, <로빈슨 부인 *Mrs. Robinson*>이 영화의 내러티브와 느슨하게 연결될 뿐 대부분의 곡들은 영화와 관계 없는 기성곡들이었다. <이지 라이더>에서도 마찬가지로 마지막에 <이지 라이더의 발라드 *The Ballad of Easy Rider*>라는 곡이 두 젊은이의 최후를 심리적으로 표현하는 노랫말을 담고 있긴 해도, 거의 전부 기성곡을 사용한다.[34]

---

34) <이지 라이더>의 영화 음악 분석은 제4장의 "팝 음악과 내러티브 — <이지 라이더>"를 참조하라.

1970년대 이후 영화가 다른 분야, 특히 대중 음악 분야와 산업적으로 연계하면서 영화에서 비디제시스적인 노래를 듣는 것은 아주 흔한 일이 되었다. 더욱이 뮤직 비디오가 산업적으로 성장하면서 영화가 음악에 완전히 종속되는 사례들도 생겨나게 되었다. 대표적인 영화는 앨런 파커가 감독한 <핑크 플로이드의 벽 Pink Floyd's The Wall>이다.

최근 들어 내러티브 중심의 영화에서는, <하이 눈>과 <핑크 플로이드의 벽>의 중간 지점에서 타협적으로 비디제시스적 노래를 사용하는 경우가 많다. 예를 들면 데이비드 린치의 <블루 벨벳 Blue Velvet>의 경우 영화의 시작과 함께 보비 빈튼의 옛 노래 <블루 벨벳>이 흐른다. 그리고 한참 지난 뒤에 여주인공 이사벨라 로셀리니는 푸른 벨벳옷을 입고 무대에서 이 노래를 부른다. 완전히 비디제시스적인 노래가 시간이 흐른 뒤에 디제시스적으로 기능하는 것이다.[35] 장윤현 감독의 <접속>에서도 여러 곡의 팝 음악이 사용되는데, 그 가운데 벨벳 언더그라운드의 <창백한 푸른 눈동자 Pale Blue Eyes>는 디제시스 / 비디제시스의 양 차원에 걸쳐진다.

<졸업> 이후 영화 속에 팝 음악이 범람하는 현상에 전통적인 영화 미학의 옹호자들은 비판적인 시각을 지닌다. 물론 비디제시스적인 노래, 특히 팝 음악 사용의 유행 현상을 그 자체로서 비판할 수는 없다. 사회 변화와 함께 영화도 그 성격을 바꾸어 가는 것은 어쩔 수 없는 흐름이기 때문이다. 다만, 똑같이 비디제시스적인 음악을 사용할 때라도 영화 내러티브가 지닌 약점을 유행

---

35) 도미니크 나스타는 이렇게 나중에 의미가 결정되는 노래 사용의 예를 자크 데리다의 용어를 빌려 '의미의 유예 identité différante'라고 부른다.

음악으로 '분장'하는 경우와, 영화의 주제를 좇아 사용하는 것은 창조성의 측면에서 큰 차이가 있다. 프랜시스 코폴라의 <지옥의 묵시록>에서 영화의 시작과 끝 부분에 도어스의 1960년대 노래인 <종말 *The End*>을 사용하면서 묵시록적 효과를 극대화시키는 것은 주제를 살리면서 표현을 풍요하게 한다는 점에서 긍정적인 평가가 가능하다. 뒤에서 분석하겠지만 <이지 라이더>의 경우도 팝 음악들을 통해 영상에 보완적인 설명 기능을 부여한다는 점에서 주목할 만하다. 햄 애슈비의 <귀향 *Coming Home*>에서처럼 단순히 시대적 배경을 보여 주는 역할(이 경우는 월남전 반전 운동이 한창이던 1960년대 후반의 히트곡들을 계속 들려 준다)이나, 수없이 많은 영화들에서처럼 분위기에 맞추어 기성곡들을 남용하는 데에 그친다면, 비 디제시스적 노래의 사용은 장식적 기능 이상은 기대하기 힘들다.

4) 기능 음악으로서의 배경 음악, 그리고 봉합의 문제

지금까지 영화 텍스트 안에서 음악이 내러티브와의 사이에서 행하는 상호 작용 양상을 살펴보았다. 그 과정에서 강조된 것은 영화 음악이 단순한 배경 음악의 차원에서 벗어나 전경 음악으로 기능할 경우에 더욱 창조적일 수 있다는 사실이다. 실제로 많은 연구가들은 영화 속에서 관객의 의식에 직접 호소하지 않는 단순한 배경 음악으로서의 기능을 비창조적인 것으로서 평가 절하하는 경향이 짙다. 그러나 이렇게 전경 음악으로서의 창조성만을 강조하다 보면, 다음에서 보게 될 할리우드 고전 영화에서 음악의 기능은 전체적으로 무시될 위험이 있다.

　　그런 점에서 클로디아 고브만은 영화 음악의 기능에 대해 매우 신선한 시각을 제공한다. 고브만은 관객에 대한 효과라는 측면에서 영화 음악의 가장 중요한 기능이 어떤 것인가라는 질문에서 출발한다.[36] 즉, 전경 음악으로서의 기능만을 중시하는 것은 문화적 시니시즘일 수 있고, 따라서 이러한 엘리트주의적 취향을 접고 실용주의적 시각에서 영화 음악을 바라보는 것도 똑같이 중요하다는 입장이다.

이렇게 실용주의적 관점에서 접근할 때, 현대 사회의 구성원들이 생활 속에서 늘 접하면서도 순수 음악적인 측면에서 평가 절하되는 이지 리스닝 음악과 영화 음악의 공통점을 발견할 수 있다.

이지 리스닝 음악이란 문자 그대로 '쉽게 들리는 음악'이다. 바로 쇼핑객들을 소비로 유도하는 백화점, 치료를 준비하는 치과, 자동차 부품을 제조하는 공장, 기차역 대합실, 서점, 극장 로비, 엘리베이터 안에서 일상적으로 들을 수 있는 음악이다. 이 음악들은 콘서트 홀에서 듣는 음악처럼 본격적인 감상용 음악이 아니다. 비록 서점에서 모차르트의 피아노 트리오가 들린다 해도 그 목표는 감상에 있지 않다. 백화점에서 들리는 음악은 판매를 촉진하려는 목적을 지닌다. 치과에서 들리는 음악은 환자의 불안감을 경감시키기 위한 목적이 있다. 공장에서 음악을 트는 목적은 생산성의 향상이다. 이데올로기 차원에서 볼 때 이지 리스닝 음악의 목표는 개인들을 '순응적인 사회 구성원'으로 만드는 것이다. 실제로 사회 기능적인 음악은 '사회적 통제'라는 명확한 목표 아래 탄생했다. 구체적으로 그것은 2차 대전 중 미국에서 시작되

---

36) Gorbman, 앞의 책, pp.56~9.

었다. 미국 행정부와 ASCAP(작곡가 및 음악 발행인 연맹)가 전시 상황에서 산업계의 생산성을 높이기 위해 발행한 문서에는 그 목표와 기능이 명확히 밝혀져 있다.

산업을 위한 음악을 선곡하는 데는, 그것이 배경 음악이어야 한다는 점이 중요하다. 복잡한 악기의 효과를 살린 음악이나 보컬이 너무 오래 지속되는 음악, 그리고 합창이 흐르는 도중 갑작스럽게 조調가 변화함으로써 사람들의 관심을 끄는 음악은 고르지 말라……. 음악으로 인해 연상 작용이 오는 것은 곤란하다. 몇몇 공장에서, 특히 여성이 다수인 공장에서는, 음악의 연상적 효과가 심리적으로 저하되는 결과를 낳는다는 사실이 입증되었다……. 따라서 세심한 주의가 필요하다……. 가벼운 행진곡을 시도해 보고, 변주가 필요할 때는 빠른 댄스 음악이나 폴카를 삽입하라. 어느 경우에나 공원들의 얼굴에서 근심을 없애고 단결심을 불어넣는 것이 중요하다.[37]

매체의 발달에 의해 음악이 기술적으로 재생산되는 상황은 음악의 의미와 감상 방식을 본질적으로 변화시켰다. 그 변화된 상황을 대표하는 음악이 바로 이지 리스닝 음악일 것이다.

영화 음악은 많은 면에서 이지 리스닝 음악과 비슷하다. 우선 두 음악 모두 실용적이다. 이지 리스닝 음악처럼 영화 음악은 그 자체가 목적이 아니라 다른 어떤 목적을 위해 사용된다. 그래서 음악적 맥락은 그것이 수용되는 상황의 문맥에 종속된다. 영화에 있어서 그것은 내러티브이다. 두 번째, 양자 모두 감상자의 진지한 몰입을 강요하지 않는다. 세 번째, 진지한 몰입을 피해야 하므로 양자 모두 감상자에게 친숙한 음악 언어를 사용한다.

---

37) 같은 책, p.57.

이러한 공통성의 연장에서 영화 음악의 이데올로기적 기능을 이지 리스닝 음악의 그것과 빗대어 표현하자면, 영화 음악의 목표는 개인들을 '순응적인 영화 감상자'로 만드는 데 있다. 특히, 그것은 할리우드 고전 영화의 주요한 특징이다. 음악은 영화를 감상하는 관객을 덜 비판적이고, 덜 깨어 있도록 만든다.

이 점에서 고브만은 영화 배경 음악의 기능을 봉합 suture 과 상통하는 것으로 본다. 잘 알려진 것처럼 봉합이란 자크 라캉을 중심으로 하는 정신 분석 이론을 토대로 장 피에르 우다르가 영화 이론에 도입한 개념이다.[38] 주로 숏 shot / 역앵글 숏 reverse shot 의 체계에 의해 스크린 내부와 바깥을 연결시켜 관객은 영화를 꿰매어 기울 수 있게 된다는 것인데, 특히 이 대화 장면에서 관객은 동시에 영화 보기의 주체이자 객체가 된다고 보았다. 이어서 카자 실버만 등은 숏 / 역앵글 숏이 연속 편집에 관련된 다른 장치들과 더불어 봉합의 한 예에 불과하다고 주장하면서, 봉합이 순수하게 영화적 장치들에만 제한되어서는 안 된다고 강조했다. 특히, 실버만은 봉합이 고전 내러티브(즉, 구성적이고 형식적인 내러티브 요소들뿐만 아니라 편집과 조명을 포함하는 가장 폭넓은 의미에서의 영화적 담론) 작용과 얼마나 유사한지를 입증했다. 음악은 이러한 영화 담론의 테크놀로지적 본질에 대한 의식을 경감시킴으로써 봉합 과정에 들어간다. 음악은 사각 프레임에 대한 의식을 가리고 시공간적 불연속성을 무화한다. 음악은 자체 안에 멜로디, 하모니를 통한 연속성을 지니기 때문이다.

이지 리스닝 음악으로서의 영화 음악은 무의식 안에서 두 가

---

38) '봉합' 개념은 수잔 헤이워드, 《영화 사전[이론과 비평]》, 이영기 옮김, 한나래, 1997, pp.130~8을 참조했다.

지 방식으로 관객에게 편안함을 준다. 먼저 화면의 불명료성에서 오는 불안정을 쫓는 기능, 이미지를 해석하는 기능이다. 이것은 신문 뉴스 사진의 캡션과 같은 기능을 한다. 즉, 현재 전개되는 내러티브적 사건에 대해 명확한 의미를 부여한다. 앞에서도 예를 들었던 스티븐 스필버그의 〈조스〉의 경우 카메라가 물 속에서 인간을 향해 접근해 갈 때, 그 의미는 불명료하다. 그러나 여기에 상어를 상징하는 음악이 흐름으로써 관객은 영상을 이해하는 데 편안함을 느낀다.

동시에 시공간 배경을 확인시키는 기능도 실용주의적 관점에서 볼 때는 관객에게 편안함을 준다. 즉, 시간과 공간 배경의 모호성을 음악으로 감소시키는 것이다.

영화의 다른 모든 요소를 이야기의 종속적인 위치로 규정하는 할리우드 고전 영화들이 배경 음악으로서 영화 음악의 기능을 중시한 것은 이렇게 실용주의적 관점에서 볼 때 잘 이해될 수 있다.

5) 음악의 '부재'와 내러티브

효과 음악 또는 배경 음악이 없는 영화는 생각하기 힘들다. 음악이 부재하는 경우는 오히려 관객을 불편하게 만들 수 있다. 그래서 화면의 디제시스 세계에서 가장 분명한 외부 요소인 비디제시스 음악은, 현실성을 최대로 중시하는 다큐멘터리 영화에서도 보통의 경우 당연한 요소로서 의문 없이 사용된다.

그러나 바로 그 이유 때문에 음악의 부재 또는 비사용은 자체로서 내러티브적인 의미를 지닐 수 있다. 따라서 음악의 사용 혹은 비사용 역시 철저하게 영화의 장르와 스타일, 그리고 기본적으로는 내러티브의 의미와 관계한다.

토키가 발명되고 처음에는 소리와 음악 자체로 관객에게 어 필하는 영화들, 즉 쇼 비즈니스를 그린 영화나 뮤지컬 등이 많이 제작되었다. 그리고 1930년대에는 할리우드의 극영화에 심포닉 사 운드가 정착되면서 비디제시스적 영화 음악의 사용이 보편화된 것은 앞에서 영화 음악의 역사를 통해 알아보았다. 그러나 이 때 에도 음악 사용에 몇 가지 눈에 띄는 점이 있다. 슬랩스틱 코미 디, 모험 드라마, 애정 드라마 등에는 배경 음악이 자주 사용된 반면, 사회 문제를 다룬 영화, 장르 용어로 말할 때 사회적 리얼 리즘 *social realism* 영화들에서는 상대적으로 음악이 적게 사용되었 다. 슬랩스틱 코미디와 멜로드라마 그리고 모험 영화에 음악이 효 과적으로 사용될 수 있는 이유는 쉽게 짐작할 수 있다. 슬랩스틱 코미디나 모험 영화는 액션이 중시되기 때문에 화면과 일치시킨 음악을 사용하는 것은 이야기 진행에 효과를 줄 수 있다. 더욱이 중세 이전을 배경으로 하는 모험 영화는 이전 시대의 연극이나 오페라의 연장으로서 낭만주의 시대의 음악이 내용과 일치되기 쉽다. 그리고 남녀간의 애정 관계를 주축으로 하는 멜로드라마도 매끄럽게 흐르는 배경 음악은 화면에 분위기를 조성할 수 있다. 그러나 '지금 여기'라는 현실적 요소를 중시하는 사회적 리얼리즘 의 경우 종종 음악을 사용하지 않는 것이 더욱 효과적일 수 있다. 실제로 머빈 르로이 감독의 <나는 탈주자다 *I am a Fugitive from a Chain Gang*>(1932) 같은 영화의 경우 메인 타이틀에서만 음악이 사 용되고, 본 영화에서는 디제시스적 음악 외에는 거의 사용되지 않 았다. 이러한 경향은 이후에도 지속되는데, 시대물이나 모험 영화 에서 음악이 사용되지 않는 예는 거의 없다. 예를 들면 <스타 워

즈>에서 존 윌리엄스의 심포닉 음악이 빠진다면 관객을 그만큼 내용에 몰입시키기 힘들 것이다. 반면에 법정 드라마를 비롯한 리얼리즘 계통의 영화들은, 특히 다이얼로그의 진행 자체에 관객의 관심을 유도하는 장면에서는 비디제시스적인 정보의 삽입이 오히려 방해가 될 수 있으므로 음악을 사용하지 않는 경우가 많다. 물론 이것은 일반적인 경향일 뿐이다. 중요한 것은 늘 작품 자체이기 때문에, 때로는 다이얼로그의 빠른 진행에도 음악을 효과적으로 사용할 가능성은 얼마든지 고려할 수 있다.

마찬가지로 심리 드라마의 경우 보통 배경 음악이 좋은 효과를 주는 경향이 있지만 때로는 음악을 적절하게 배제함으로써 더 큰 효과를 얻을 수도 있다. 밀로스 포먼의 <뻐꾸기 둥지 위로 날아간 새 One Flew over the Cuckoo's Nest>(1975)는 한 편의 심리 드라마로 보아도 좋을 만한 영화이다. 그러나 정신 병원 병동을 주무대로 하는 이 영화에는 배경 음악을 거의 사용하지 않는다. 전체적으로 음악을 배제함으로써 병동을 지배하는 비인간적이고 냉혹한 분위기를 효과적으로 표현한다. 동시에 배경 음악의 부재를 통해, 환자들로 하여금 월드 시리즈 경기를 보지 못하게 한 뒤 간호사가 병동 안에 흘려 보내는 감미로운 경음악이 오히려 광기에 찬 것으로 들리는 아이러니 효과를 낸다.

사운드의 의식적인 사용, 비사용에 의해 스타일상의 변화를 의도하는 경우는, 유럽의 영화 감독들, 특히 모더니스트들의 작품에서 자주 발견된다. 비디제시스적인 음악의 비사용에 의해 관객에게 가장 큰 심리적 효과를 줄 수 있는 것은 꿈 장면에서이다. 꿈의 세계는 거울 속처럼 보통 침묵의 세계로 인식된다. 억압에서 해방된 무의식의 재료들이 시공간을 초월해 변형되어 등장하기 때문에 현실에 상응하는 소리는 종종 그 곳에 없다.

페데리코 펠리니의 <8과 1/2>의 첫 장면이나, 잉그마르 베르이만의 <들딸기 *The Wild Strawberry*>의 꿈 장면에서는 모두 음악이 부재한다. <8과 1/2>에서는 꿈꾸는 주인공의 신음 소리 등의 사운드가 선별적으로 사용되지만 음악이 전혀 없어 관객은 쉽게 그것이 꿈이라는 것을 알 수 있다. <들딸기>의 경우 꿈꾸는 주인공의 내레이션에 이어 꿈 장면이 등장하고 배경 음악은 꿈에까지 연장되지만, 곧 사라진다. 꿈 속에서는 마차 바퀴 소리, 교회당의 종소리 등의 디제시스적[39] 사운드가 등장하지만 음악은 부재한다. 그리고 꿈이 클라이맥스에 이를 때 음악은 극적인 효과를 보이며 재등장해 꿈에서 깨어나는 현실 장면으로 연결된다. 두 경우 모두 음악이 부재한 이 꿈 시퀀스들은 매우 표현주의적 효과를 준다. 이야기 중심의 할리우드 영화와 비교해 볼 때 그 차이는 훨씬 명확해진다. 히치콕의 <백색의 공포>(1945)는 그 좋은 예다. 이 영화에서 주인공 존 밸런타인(그레고리 펙)이 의사 피터슨(잉그리드 버그만)에게 꿈을 설명하는 장면에서는 표현주의적 효과를 높이기 위해서 초현실주의 화가인 살바도르 달리가 미술을 담당했다. 그러나 꿈 장면 내내 그 장면을 설명하는 존의 다이얼로그가 개입하며, 꿈을 설명하는 현실과의 연속성을 위해 배경 음악은 연속적으로 사용된다.

메인 타이틀부터 영화가 끝나는 장면까지 비디제시스적 음악은 물론 효과 음향까지 철저하게 배제한 독특한 영화로는 루이스 부뉴엘의 <세브리느>를 들 수 있다. 1920년대 초현실주의의 대

---

39) 그러나 꿈 장면에서 디제시스와 비디제시스적 사운드의 구분은 사실 명확하지 않다.

표작으로 거론되는 <안달루시아의 개 *Un Chien Andalou*>(1928)를 만든 루이스 부뉴엘은 여기서도 마찬가지로 초현실주의적 방식으로 내용을 전개시킨다. 피터 클린지의 표현을 빌리자면, <세브리느>는 억제된 욕망의 몽상에서 성취된 꿈의 폭로에 이르는 과정의 표현이다.[40] 영화 전체는 논리의 세계에서 벗어난 여주인공(카트린 드뇌브)의 욕망과 꿈을 그린다. 그러나 그것이 꿈이라는 증거는 이야기상으로는 아무 곳에도 없다. 배경 음악의 부재에 의해서 그것을 짐작할 뿐이다. 나아가 그것이 꿈이라면 누구의 꿈인가? 그 꿈은 세브리느의 것일 수도 있으며, 감독 루이스 부뉴엘의 것일 수도 있다. 영화 음악이 부재한 침묵의 꿈 장면은 종종 관객에게 그것이 누구의 꿈인가에 관해 의문을 제기한다는 지적이 이 영화의 경우 특히 적합하다.

유럽 모더니스트들의 경우 때로는 내러티브와 독립적으로 영화 음악의 사용 / 비사용을 선택함으로써 스타일상의 의미를 강화하는 때도 있다. 대표적인 인물이 장 뤽 고다르이다. <비브르 사비>에서 그는 얼핏 아무런 논리적 이유 없이 배경 음악을 중단한다. 브레히트 효과를 다양한 차원에서 영화에 도입하던 당시의 고다르는 음악 차원에서도 실험을 함으로써 스타일상의 독자성을 확보한다.[41]

이렇게 장르가 요구하는 현실성의 문제, 그리고 유럽 모더니

---

40) 피터 클린지, <초현실주의 영화의 미학>, 이용관 편역, ≪전위 영화의 이해≫, 예니, 1991, pp.106~9.
41) 고다르는 브레히트 효과의 실험과 함께 이 영화에서 또 다른 차원의 형식적 실험을 한다. <비브르 사 비>의 분석은 제4장의 "유럽 모더니즘 영화 음악과 내러티브 — <비브르 사 비>"를 참조하라.

13. 히치콕은 <북북서로 진로를 돌려라>의 '옥수수밭 시퀀스'에서 의도적으로 음악 사용을 배제한다.

스트들의 경우 외에도 내러티브상의 효과를 위해 음악을 의도적
으로 사용하지 않는 경우도 많다. 히치콕의 유명한 영화 〈북북
서로 진로를 돌려라〉(1959)의 '옥수수밭 시퀀스'가 그 대표적인
사례이다. 여기서 주인공 로저 손힐(캐리 그랜트)은 이브 켄달(에바
마리 세인트)의 말에 따라 옥수수밭 벌판으로 가고, 그 곳에서 생명
을 건 위험을 맞는다. 드라마적 맥락에도 불구하고 이 시퀀스에
서는 배경 음악이 전혀 사용되지 않는다. 프랑수아 트뤼포의 지
적을 인용하자면, 옥수수밭 시퀀스에서는 "약 7분간 소리가 전혀
없다." 그리고 〈나는 비밀을 안다 *The Man Who Knew Too Much*〉(1956)
에서처럼 "점점 짧은 컷을 사용함으로써 편집을 빠르게 하는 것
이 아니라, 모든 숏을 같은 길이로" 만든다.[42] 사실 '옥수수밭 시
퀀스'는 얼핏 드라마적으로 관객의 감정을 내용에 끌어들일 때
더욱 효과적으로 보일 수 있다. 그러나 이 시퀀스에서 비디제시
스적인 음악이 등장하는 것은 비행기가 유조차에 충돌해 폭발하
는 장면에서이다. 그 전까지의 긴 시간 동안 음악은 전혀 사용되
지 않는다. 히치콕은 자신의 의도를 트뤼포에게 이렇게 설명한다.

지금 당신이 말하고 있는 것은 시간이 아니라 공간입니다. 숏의 길
이는 캐리 그랜트가 숨기 위해 달려야 하는 다양한 거리를 알려 주
고, 거기에 덧붙여 달려가 숨을 곳이 없다는 것도 보여 주는 것이
어야 합니다. 이런 장면을 전적으로 주관적으로 보여 줄 수는 없습
니다. 그렇다면 순식간에 사라져 버릴 것이기 때문입니다……[43]

---

42) 프랑수아 트뤼포, 《히치콕과의 대화》, 곽한주·이채훈 옮김, 한나래,
1994, p.328.
43) 같은 책, p.328.

즉, 히치콕은 주인공이 서 있는 공간에 관한 정보 부여를 통해 관객을 이야기 안으로 끌어들임으로써 효과를 높이려 했다. 따라서 그는 수많은 영화에서처럼 편집과 음악 사용에 의해 주관적 템포를 가속화하는 대신, 공간에 집중하게 한 것이다. 그 결과 음악은 전혀 사용되지 않는다.

이처럼 음악의 '부재'의 의미도 1차적으로는 내러티브와의 관계에 의해서 결정되며, 음악의 사용보다 때로는 음악이 없는 경우 더욱 효과적일 수 있다.

6) 고전 할리우드 영화 음악의 특성

대략 1930년대에서 1950년대 말에 이르는 미국 할리우드의 영화는 스튜디오 시스템이라는 특수한 구조 아래서 분명한 영화적 형식과 스타일을 형성했다. 비디제시스적 음악을 중심으로 하는 영화 음악도, 바그너를 비롯한 후기 낭만주의 음악의 영향 아래, 이러한 형식과 스타일을 이루는 데 일조하면서 역시 명확한 특징들을 지니게 된다. 이 시기 영화의 일관된 스타일의 전제 가운데 하나가 개인적인 혁신에 명확한 한계를 부여하는 집단 스타일이었고, 따라서 작곡가들 개인의 개성보다는 그 개성을 포함할 수 있는 '제약' 및 '규칙'이 늘 강조되었다. 그러나 이 때 이룩된 영화 음악의 특성들은, 당시 유럽의 주류 상업 영화들에도 대체적으로 적용될 수 있었고, 최근까지도 대중 영화들에서 공통적으로 발견된다.

고전 내러티브 영화는 데이비드 보드웰이 '지나치게 분명한 영화'라고 부른 영화로서, 이런 영화에서 스타일은 내러티브를 설명하는 데 — 애매하게 하는 것이 아니라 — 기여한다. 이 영화는 동기가 분명한 기호들로 이루어졌기 때문에 관객들이 스토리를 통해 단 하나의 결론을 취하도록 유도한다. 따라서 고전 내러티브 영화는 어떤 장르에서든 상관없이 내러티브가 완결되는 결말을 갖는다. 플롯은 어떠한 모호함도 가져서는 안 되며, 해피 엔딩이든 아니든 상관없이 반드시 해소되어야 한다. 이렇게 이야기의 흐름이 중시되기 때문에, 스타일은 내러티브에 종속된다. 숏이라든지 조명, 컬러 등은 편집이나 미장센, 사운드(음악을 포함해)처럼 그 자체가 관객의 눈길을 끌어서는 안 된다. 모든 것은 작품 내적인 리얼리즘을 만들어 내도록 기능해야 한다. 모호함은 공간과 시간의 연속성을 통해 해소되어야 한다. 관객은 등장 인물이 언제 어디에 있는지 제대로 알아야 하고 내러티브의 논리와 내러티브의 순차적 배열과 관련해서도 정확히 이해해야 한다. 이 연속성 확보를 위해, 특히 편집은 명확한 인과 관계 위에서 논리적으로 진행되어야 한다. 180도 규칙, 30도 규칙, 아이라인 매치, 숏/역숏 등의 장치들은 모두 연속성 확립을 통한 이야기적 리얼리즘의 완성을 위해 만들어진 것들이다.

　고전 할리우드 영화의 비디제시스적 음악, 곧 배경 음악들도 이 같은 특성을 구현하는 방향에서 내러티브에 종속되는 것을 기본으로 성립되었다. 특히, 배경 음악은 분명히 비디제시스적이면서도 관객의 의식에서 벗어난다는 점에서 편집과 특성이 비슷하다. (편집은 조명이나 컬러 등 다른 요소에 비해 비디제시스적인 면이 시각적으로 훨씬 분명하다. 관객은 한 편의 영화 안에서 컷과 컷의 연결을 계속 본다. 그러나 동시에 연속성 때문에 그것을 의식하지 못한다.) 배경 음악의 이 특성은 할리우드 고전 영화 기간 내내 하나의 원칙으로 정립되었지만, 1930년대 후반부터 1940년대를 통해 가장 특징적으로 영화에 사용되었다. 당시 배경 음악의 원칙들은 많은 장르의 발생적 차이에도 불구하고 공통적으로 적용될 수 있었다.[44]

(1) 비가시성

<구명선 *Lifeboat*>(1944) 촬영시에 감독 알프레드 히치콕과 작곡가 데이비드 랙신이 남긴 일화가 있다. 연출부의 스태프 한 명이 랙신에게 와서 말을 전했다.

> "히치콕 감독 말이 이 영화에는 음악이 전혀 필요 없답니다."
> "왜 그런가?"
> "감독님 말씀이, 도대체 망망대해 어디서 오케스트라 음악이 들려오겠느냐고 하십니다."
> "그럼 히치콕 감독에게 가서 먼저 물어보게. 도대체 망망대해 어디에 카메라가 있겠느냐고. 그러면 어디서 음악이 들려 오는지 얘기해 주겠다고."[45]

이 유명한 일화는 영화 배경 음악의 비가시성非可視性을 단적으로 보여 준다. 영화를 촬영하는 카메라, 세트에 빛을 비추는 조명기, 배우에게 연기를 지시하는 감독의 목소리 등 다른 비디제시스적인 요소들처럼 음악을 연주하는 오케스트라나 그 연주를 녹음하는 마이크로폰 등의 요소들은 화면에 등장하면 안 된다. 물론 배경 음악 자체는 대표적인 비디제시스적 요소이다. 그러나 그것이 시각적이 아니라 청각적이라는 사실 때문에 다른 시각적 요소들과는 달리 쉽게 인지되지 않는다. 그럼에도 그 음악의 음

---

44) 할리우드 영화의 특징에 관한 항목들은 Gorbman, 앞의 책, p.75를 참조했다.
45) Mark Evans, *Soundtrack: The Music of the Movies*, Da Capo, 1975, p.212.

원음源은 시각적으로 나타나면 안 된다.

물론 연주 장면이 직접 등장하는 영화들이 있다. 가수가 오케스트라 반주에 맞추어 노래하는 장면에서 오케스트라나 마이크로폰은 자연스럽게 등장할 수 있다. 이 경우는 음악이 디제시스적이기 때문이다. 비디제시스의 경우라도, 할리우드식의 리얼리티를 의도적으로 교란시킴으로써 웃음을 유도하는 코미디라든지 환상적인 장면에서 갑작스럽게 연주자가 등장할 수도 있다. 그러나 이 경우는 인과율에 어긋나도 관객이 자연스럽게 내러티브를 이해할 수 있다는 전제가 있다. 이러한 예외적인 경우가 아니라면, 연주자들이 등장할 때 관객은 그 연주 장면을 디제시스 안에서 이해하고 내러티브를 구성해 간다.

반면에 유럽 모더니스트들의 영화에서는 인과율에 상관없이 연주자들이 등장하는 경우가 있다. 고다르의 <그녀의 이름은 카르멘 *Prénom Carmen*>(1983)이 대표적인 사례이다. 여기서 카르멘(마루슈카 데트메르스)은 조셉(자크 보나프)과 함께 디제시스를 이루는 이야기를 이끌어 간다. 그러나 중간에 논리적 이유 없이 실내악단이 등장해 베토벤의 현악 4중주를 연주한다. 물론 뒤에 가면 바이올린을 담당한 여자 클레르(미리엄 루셀)가 느슨하게 디제시스 안으로 연결되지만, 영화 전체를 통해 이 현악 4중주 연주 장면은 비디제시스적으로 기능한다. 1960년대부터 이어져 오는 고다르적 영화 작법에 대한 이해 없이는 이런 장면이 부자연스럽게 느껴질 것이다.

(2) 불가청성

엄밀히 말하면 배경 음악은 늘 들리기 마련이다. 그러나 할리우드 고전 영화들은 그 음악이 관객에게 의식되지 않도록 세심한

주의를 기울였다. 이야기가 가장 중시되었으므로, 음악은 늘 내러
티브에 종속적인 요소가 되어야 했기 때문이다. 그래서 그 곳에
음악이 있되, 내러티브와 충돌되지 않는 중립적인 음악이 많이
작곡되었다.

또한 다이얼로그와 음악이 함께 있는 경우도 중심은 늘 다이
얼로그이고, 음악은 배경에 숨어야 한다. 이 효과를 위해 1934년
할리우드에서는 업 앤드 다우너 *up-and-downer* 라고 불리는 음량 조
절기도 발명되었다. 사운드 트랙 안에 다이얼로그가 들어올 때
배경 음악을 작게 하는 기계였다. 동시에 작곡가들은 목관 악기
는 사람의 음성과 잘 조화되지 않는다는 것을 알았고, 그 결과
다이얼로그의 배경에는 현악기를 주로 사용하였다. 로렌스 로젠
탈 같은 작곡가는 높은 음성에는 낮은 음악을 깔고, 반대로 낮은
목소리에는 높은 음악을 사용할 것을 권유하기도 했다.

음악 편집 단계에서도 관객에게 음악의 존재가 의식되는 것
을 피하기 위해 어느 지점에서 음악을 시작하고 어느 지점에서
끝낼 것인가 하는 점에 대한 규칙들이 생겨났다. 음악의 종결 시
점보다는 시작하는 시점의 결정이 더 중요했는데, 주로 한 장면
안에서 배우가 행동을 시작하거나 문이 닫히는 지점, 문 닫는 소
리가 나거나 전화 벨이 울리는 시점, 다이얼로그가 진행되는 중
간 지점, 그 장면의 감정 곡선이 변화하는 지점 등에서 음악이
시작되었다. 모두 내러티브 안에서 변화가 일어나는 지점이라서
음악의 시작이 의식되지 않기 때문이다.

동시에 배경 음악의 분위기는 그 장면의 진행 속도와 맞추어
야 관객에게 의식되지 않는다. 이를테면 추적 장면에서는 빠른
속도의 음악이, 고뇌하는 장면에서는 느리고 무거운 음악이 있어

야 관객에게 인식되지 않는다.

할리우드에서 주제가 붐이 1950년대에 들어서야 시작된 것은 바로 이 불가청성不可聽性 원칙 때문이었다. 반면에 유럽에서는 더 일찍부터 음악이 전면에 나서는 경향이 상대적으로 강했다. 더욱이 1950년대 이후 모더니스트들은 의도적으로 음악을 관객에게 인식시키면서 영화를 끌어가는 경우도 많이 생겨났다. 고다르의 <비브르 사 비>는 대표적인 경우다.

(3) 비합리성, 낭만성, 신화성

할리우드 고전 영화에서는 일상성, 현실성, 정상성의 상황만큼 그 역의 상황에서도 효과 음악이 자주 사용된다. 이 경우 때로는 음악의 불가청성 원칙을 넘어서는 때도 있다.

먼저 비합리성이란 정상성을 벗어나는 경우다. 주로 호러 장르라든지 SF 영화 등 일상성에서 일탈한 비정상적인 상황을 강조하기 위해서 음악이 전면에 나서게 된다. 할리우드 고전 영화의 경우 꿈 장면에서도 음악은 중요한 역할을 한다. 앞에서 보았듯이 히치콕의 <백색의 공포>에서는 비정상적인 심리의 발현을 그린 꿈 장면에서 테레민이라는 초기적 형태의 전자 악기를 사용하는데, 그 악기 소리의 특이함 때문에 관객에게 의식됨에도 불구하고 일탈성을 강조하기 위해 사용된다.

두 번째로 낭만성이란 사랑의 감정을 그리는 장면에서 주로 아름다운 젊은 여성이 등장할 때 흐르는 음악의 경우다. 사랑의 감정으로 가득 찬 화면으로 관객의 감성에 호소하려는 목적에서다. 이 때도 음악은 전면에 부각되는 것이 가능하다.

세 번째로 신화성이란 역사적 인물이라든지 위인을 묘사하는 장면에서 음악을 사용해 관객의 정서에 호소하는 경우다. 존 포드 감독의 <젊은 날의 링컨 *Young Mr. Lincoln*>(1939)의 마지막 장면에서 링컨(헨리 폰다)을 낮은 앵글로 잡으면서 남북 전쟁의 음악(<공화국 군가 *Battle Hymn of the Republic*>)을 크게 들려 주는 것도 같은 동기에서다.

(4) 내러티브에 대한 암시적 악호

• 오프닝 음악과 엔딩 음악　　할리우드의 고전 영화들은 거의 예외 없이 영화의 시작과 끝에 비디제시스적 음악을 사용한다. 제작사 로고가 등장한 뒤 오케스트라에 의한 심포닉 사운드의 음악이 메인 타이틀의 배경에 사용된다. 시작 음악은 앞으로 전개될 영화의 이야기에 대한 호기심을 불러일으키는 기능을 한다. 또한 오프닝 음악은 그 영화의 장르 성격을 규정한다. 존 포드의 <모호크의 북소리 *Drums Along the Mohawk*>(1939)의 오프닝 음악에서 보이듯, 전면에 등장하는 북소리에 의해 관객은 웨스턴임을 쉽게 짐작한다. 제임스 웨일의 <프랑켄슈타인의 신부>(1935)는 음산한 느낌의 느린 관악기 저음과 불협화음으로 공포 영화임을 암시한다. 오프닝 음악의 또 하나의 방식은 영화 본편에 등장하는 하나 또는 그 이상의 테마들을 연결해 들려 주는 것이다. <바람과 함께 사라지다>(1939)는 유명한 <타라의 테마>를 중심으로 메인 타이틀의 배경 음악을 구성한다.

　　종결 음악은 대개 영화의 마지막 장면에서 절정을 맞으며 엔드 크레딧 *end credit*으로 연결된다. 일반적으로 이야기의 종결을 암시하기 위해 불협화음은 피하고 크레센도에 의해 큰 음량으로 안정된 종결을 맺는다.

• 시간과 장소, 인물 특성을 암시   앞에서 보았듯이 악기가 지 닌 음색 등에 의해 디제시스의 시간 및 공간적 배경을 암시할 수 있다. 그런데 할리우드 고전 영화들은 이처럼 시공간적 배경을 나 타내는 데도 특별한 음악적 약호를 개발했다. 예를 들면 인디언의 영토를 암시하기 위해 4/4박자의 알레그레토 빠르기로 앞 박자에 강세를 넣은 드럼 소리를 배경에 깔거나, 동아시아를 표현하기 위 해 4/4박자에 단조로 이루어진 단조로운 실로폰 멜로디를 사용하 거나 하는 식이다. 시간 배경의 암시도 마찬가지여서 현악기를 중 심으로 한 3/4박자의 왈츠곡은 종종 19세기 말 비엔나를 상징하 며, 하프 음악은 중세나 르네상스 시기를 암시한다. 인물의 전형 성을 위해서도 음악은 상징적 기능을 한다. 이웃집에 사는 평범한 소녀를 묘사하는 데는 장조로 된 감상적感傷的 멜로디가 어울리고, 필름 느와르에서의 남성 파멸형 여성에게는 클라리넷이나 색소폰 의 재즈 멜로디를 사용한다.

• 인물의 주관적 심리를 암시   고전 내러티브 영화에서 플롯은 보통 인물들에 의해 진행된다. 따라서 할리우드 고전 영화에서는 음악을 특정 인물의 주관적 심리를 강조하기 위해 사용하는 경우 가 많다. 이런 방식은 일찍이 할리우드 음악의 규칙을 많이 세운 맥스 스타이너의 영화에서 쉽게 발견할 수 있다. 제4장에서는 존 포드 감독의 〈밀고자〉(1935)를 통해 맥스 스타이너가 인물들에게 테마를 부여해 어떻게 심리 전개를 해 나가는가를 검토할 것이다.

• 전체적인 분위기를 강조   유럽과 미국 모두 이미 무성 영화 시대부터 영화 장면에 적합한 분위기를 위한 음악 서적이 출판된 것은 영화에 분위기를 위한 배경 음악이 얼마나 중요한가를 잘 증 명해 준다. 이 전통은 할리우드 고전 영화에도 그대로 이어져, 오

케스트라로 연주되는 배경 음악들은 모두 화면의 분위기 조성 기능을 중시했다. 간혹 심포닉 사운드 이외의 음악이 사용되는 경우에도 가장 큰 기능은 화면의 분위기를 강조하는 것이었다. 예를 들어 뉴욕을 부각시킬 때 재즈 음악을 사용하는 것도 같은 목적에서이다.

• 미키 마우싱과 스팅어   맥스 스타이너가 영화 <킹 콩>에 처음 도입한 이후 미키 마우싱은 모험 영화뿐만 아니라 <카사블랑카 Casablanca>(1941)나 <빅 슬립 The Big Sleep>(1946) 같은 진지한 영화들에도 효과적으로 수용되었다. 한편 스팅어 stinger 도 할리우드 고전 영화에서 즐겨 사용된 방식이다. 원래는 '광고가 끝날 때쯤 쓰이는 효과 음악'이란 의미의 방송 용어였는데, 고전 내러티브 영화에서는 극적 긴장감을 나타내기 위해 사용되는 경우가 많았다. 평범한 대화 도중 갑작스럽게 어떤 사실을 발견하고 충격을 받을 때 효과 음악이 큰 음량으로 들어가는 경우를 생각할 수 있다.

(5) 연속성

할리우드 영화가 리얼리티의 확보를 위해서 연속성을 중시한 것은 이미 지적한 바 있다. 한 장면 안에서의 편집상의 불연속 그리고 시퀀스 사이의 불연속성을 완화시키기 위해 음악은 효과적으로 사용된다.

(6) 통일성

고전 내러티브 영화에서는 통일성이 중시된다. 그 영화가 하나의 자족적인 소우주이기 때문이다. 기승전결의 원칙에 의해서 이야기는 모호함 없이 해결되어야 한다. 음악은 영화의 이 통일성을 뒷받침하는 기능도 수행한다. 통일성을 얻기 위해 흔히 사용되는 방식이 테마곡의 활용이다. 동일한 테마곡이 적당한 순간에 되풀이 사용됨으로써 영화 전체의 통일성에 기여한다.[46]

---

46) 비디제시스적 음악의 통일성과 관련해 레오니드 사바네프는 흥미로운 지적을 덧붙인다. 하나의 멜로디가 그친 뒤 최소한 15초가 경과하면 앞의 멜로디와 다른 조調의 새로운 멜로디가 시작되어도 통일성을 방해하지 않는다. 그러나 최소한의 필요 시간이 지나기 전에 새로운 멜로디가 시작될 경우 그 멜로디가 앞의 것과 다른 조일 때는 순간적으로 통일성이 깨진다. Gorbman, 앞의 책, p.90.

4

영화 음악과 텍스트 분석

1. 고전 영화 음악과 내러티브 — <밀고자>

존 포드 감독의 <밀고자 The Informer>는 1935년 RKO에 의해 제작되었다. 1922년 더블린에서 일어난 신 페인 Sinn Fein 의 반란을 소재로 한 이 작품의 음악은 맥스 스타이너가 담당했다. 스타이너는 1929년부터 1935년까지 RKO 음악부의 총책임을 맡으면서 100여 편 이상의 영화 음악에 간여했다. 바그너 음악의 숭배자였던 그는 토키 초창기의 할리우드에서 가장 의욕적으로 활동하면서, 바그너 오페라의 두드러진 특성 가운데 하나인 라이트모티프를 적절히 사용했다. 또한 1933년의 <킹 콩>에서 디즈니에 의해 시도된 미키 마우싱을 극영화에 효과적으로 도입하는 등 할리우드 대중 영화의 음악 발전에 중요한 규칙들을 만들었다. 고전 할리우드 영화 음악의 발전은 초창기 스타이너가 세운 규칙들에 크게 영향받으면서 1960년대에 이르기까지 계속되었다.

<밀고자>는 이처럼 이후 할리우드 영화 음악의 전범이 되는 규칙들이 가장 충실한 형태로 사용된 영화이다. 먼저 이 영화에는 비디제시스적 음악들이 내용에 영향을 주면서 선별적으로 사용된다. 스타이너는 토키 초기의 영화 음악의 주된 경향, 즉 도입부와 결말에서만 음악을 사용하고 중간에는 배제하는 경향에 불만을 가졌다. 그는 이후 <킹 콩>을 비롯한 영화를 통해 음악을 영화의 중요한 요소로 부각시켰다. 그 대표적 방식이 비디제시스적 음악의 사용을 통해 인물의 심리를 표현하는 것이었다. <밀고자>에서는 이러한 비디제시스적 음악이 내용과 충실히 조응하면서 전개된다. 그리고 그는 주요 등장 인물에 고유한 테마를 만들어 적당한 시점에서 연주하면서 내러티브와 음악이 상호 교류

하도록 한다. 물론 지금 보면 미키 마우싱 방식은 아주 기계적으로 보이지만, 1950년대까지 할리우드 영화에서 자주 사용되었다.

1) <밀고자>의 시놉시스와 시퀀스

1922년 아일랜드의 더블린. 영국 정부군 블랙 앤 탠즈에 맞서 싸우는 아일랜드 공화국군(IRA) 소속의 지포 놀런(빅터 매클라글렌)은 거리를 걷다가 동료 프랭키 맥필립(월러스 포드)의 현상 포스터를 본다. 20파운드의 현상금이 걸린 그 포스터를 지포는 벽에서 떼어 내 버린다.

지포는 연정을 품고 있는 케이티(마고트 그레이엄)를 만난다. 거리의 여인인 케이티는 지포에게 집세를 낼 돈마저 없다고 말한다. 두 사람은 10파운드의 미국 여행과, 20파운드의 세계 여행을 광고하는 선전 포스터를 본다.

지포는 던보이 하우스에서 식사하던 중 프랭키를 우연히 만난다. 그를 만난 순간 20파운드의 현상금을 생각한다. 그리고 그는 프랭키가 떠난 뒤에 갈등하다가 영국군 사령부로 향한다. 프랭키의 행방에 관해서 영국군에게 밀고한 뒤 지포는 사령부를 떠난다. 집에 돌아와 어머니와 여동생 메리를 만난 프랭키는 식당에서 지포를 만난 사실을 그들에게 이야기한다. 이 때 영국군이 들이닥치고 프랭키는 총에 맞아 죽는다.

지포는 밀고의 대가로 현상금 20파운드를 받는다. 그는 괴로운 마음을 억누를 수 없어 들른 술집에서 위스키를 마신다. 그 후 조직의 모임에서 지포는 프랭키의 어머니와 여동생 메리를 만난다. 지포의 주머니에서 거스름 동전들이 떨어지고, 지포는 주위 사람들이 자신을 의심할 것을 두려워한다.

프랭키의 동생 메리와 연인 관계이자 조직의 책임자인 댄 캘러거(프레스턴 포스터)는 지포를 불러 밀고자를 찾으면 조직에 복귀시킨다는 약속을 한다. 지포는 멀리건이 이 사건의 밀고자라고 주장한다. 술집에 들른 지포는 주위 사람들에게 술을 사 주면서 돈을 쓴다. 이어서 그는 고급 술집에 들러 소란을 피운다. 그 곳에서 만난 여자에게 집에 돌아가라면서 5파운드를 주고 다시 그 여자를 위해 주인에게 4파운드를 준다. 한편 메리는 댄 캘러거에게 프랭키가 집에 오기 전 지포를 만났다고 이야기한다. 캘러거는 지포를 의심한다.

지포는 회의장으로 가는 길에 케이티를 만난다. 그리고 케이티를 위해 20파운드를 얻으려고 그 일을 저질렀다고 술김에 말한다. 케이티는 그가 밀고자임을 알고 소스라치며 놀란다. 회의장에서 지포는 멀리건에게 죄를 뒤집어씌우려 하지만 결국 자신이 행한 것을 자백하고 감옥에 갇힌다. 그러나 그는 곧 탈출해 케이티를 찾아간다. 케이티는 메리와 댄을 찾아가 자신이 지포를 사랑하니, 지포에게 한번만 기회를 달라고 애원한다. 지포의 거처를 묻자 케이티는 지포가 자신의 아파트에 있다고 고백한다.

세 사내가 지포가 있는 방문을 열고 들어온다. 그러나 지포는 그들을 물리치고 밖으로 나간다. 그리고 바깥에서 기다리던 사내의 총에 맞는다. 지포는 비틀거리면서 맞은편에 있는 교회로 들어가 프랭키의 어머니에게 용서를 빈다. 프랭키의 어머니는 사죄를 받아들인다. 지포는 "프랭키, 네 어머님이 날 용서하셨다"라고 외치면서 죽는다.

시놉시스를 시퀀스로 구분하면 다음과 같다.

14. 맥스 스타이너는 할리우드 고전 영화의 음악 발전에 가장 큰 영향을 주었다. <밀고자>는 그의 특성이 가장 잘 나타난 영화이다.

시퀀스 1	자막 시퀀스. '1922년 더블린. 투쟁의 어느 밤'이란 자막이 인물 자막과 함께 등장.
시퀀스 2	지포 걷는다. 벽에 붙은 프랭키의 포스터를 발견한 그는 그 포스터를 찢어 낸다. 지포는 아일랜드 민요를 부르는 소년을 본다.
시퀀스 3	거리에서 지포를 만난 케이티는 경제적 어려움을 이야기한다. 그녀는 여행사 진열장 안에 붙은 10파운드의 미국 여행 포스터를 본다.
시퀀스 4	프랭키가 거리를 걷는다. 발에 자신의 포스터가 날아오자 찡그린 얼굴로 그 포스터를 버린다. 그는 던보이 하우스에서 지포를 만난다. 지포는 반가워하면서도 그를 보면서 20파운드의 현상금을 생각한다.
시퀀스 5	사령부로 들어간 지포는 프랭키를 고발하고 떠난다.
시퀀스 6	집에 온 프랭키는 어머니와 메리를 만나 기뻐한다. 그는 던보이 하우스에서 지포를 만난 것을 이야기한다. 영국군이 들이닥치고 도망치던 프랭키는 총에 맞아 죽는다.
시퀀스 7	사령부에서 지포는 프랭키가 죽었다는 소식을 듣는다. 20파운드의 현상금을 받은 그는 밖으로 나간다. 그 곳에서 지포는 맹인을 만난다.
시퀀스 8	술집에 들른 지포. 1파운드를 내고 위스키를 청한다. 여기에 케이티가 나타난다. "널 위해 그 일을 했다"면서 지포는 케이티에게 사랑한다고 말한다. 케이티에게 거스름돈을 주면서 미군 배에서 돈을 훔쳤다고 거짓말한다. 밖에서 마차에 오르려는데 맹인이 나타난다. 그는 1파운드를 맹인에게 준다.
시퀀스 9	비밀 본부를 찾은 지포. 프랭키의 어머니를 발견하고 조의를 표한다. 지포의 주머니에서 동전들이 떨어진다. 그는 주위 사람들이 자신을 의심한다고 소리친다.

시퀀스 10   지포는 조직의 책임자인 댄 캘러거를 만난다. 캘러거는 지포에게 조직에 관해 이야기하면서 프랭키 사건의 밀고자가 누구인지 궁금해 한다. 지포는 멀리건이 밀고자라고 말한다. 밤 1시 반에 탄약고에서 회의가 있다는 얘기를 듣고 지포는 그 곳을 떠난다. 캘러거는 지포를 미행할 것을 지시한다.

시퀀스 11   술집 앞에서 지포는 술김에 사람들과 싸운다. 그리곤 술집에 들어가 2파운드를 지불하고 사람들에게 음식을 사 준다.

시퀀스 12   지포는 친구에 이끌려 유곽으로 간다. 그리곤 그 안에서 만난 여자를 케이티로 착각한다. 지포는 거기서 소란을 피운다.

시퀀스 13   캘러거와 메리가 이야기를 나눈다. 프랭키에 관해 묻는 캘러거에게 메리는 프랭키가 살해되기 전 던보이 하우스에서 지포를 만난 사실을 이야기한다.

시퀀스 14   유곽에서는 아일랜드의 노래가 들린다. 집에 가고 싶다는 그 곳의 여인에게 지포는 5파운드를 준다. 이어서 돈을 요구하는 주인에게도 4파운드를 준다. 지포를 미행하던 조직의 인물들이 밖에서 그 것을 지켜 본다. 회의장으로 가는 길에서 지포는 케이티를 만난다. "널 위해서 그 일을 했다"고 또 한 번 말한다.

시퀀스 15   회의장. 지포는 그 곳에서 맹인을 만나고 놀란다. 그는 프랭키의 밀고자가 멀리건이라고 주장하지만, 멀리건은 해명한다. 지포는 결국 자백한다.

시퀀스 16   감옥에 갇힌 지포. 그러나 감시인들을 폭행하고 탈옥한다.

시퀀스 17   케이티의 아파트에 온 지포. 케이티와 얘기를 나눈다.

시퀀스 18   메리와 캘러거는 프랭키의 어머니가 교회로 가는 것을 본다. 케이티가 여기에 와서 지포를 변호한다. 그리고 지포가 있는 곳을 가르쳐 준다.

시퀀스 19   바깥에서 들어오는 사람들을 눕히고 지포는 밖으로 나간다. 거기
　　　　　　서 기다리던 조직원의 총에 맞는다.

시퀀스 20   교회에서 비틀거리는 지포는 프랭키의 어머니에게 용서를 구한다.
　　　　　　용서받은 그는 쓰러져 죽는다. 엔드 타이틀이 이어진다.

2) 라이트모티프의 사용

<밀고자>는 바그너의 오페라처럼 몇 개의 라이트모티프를 사용
해 테마들을 설정한다.[1] 라이트모티프, 즉 테마들은 영상과 대응
해 반복적으로 등장하는 외에도 인물 성격화의 기능을 동시에 수
행한다. 즉, 주인공 지포를 상징하는 음악의 경우에도 그가 놓인
상황에 따라 속도 변화, 변주, 악기 사용의 변화 등을 통해 영화
에 다른 의미를 부여한다. <밀고자>에서 라이트모티프는 주로
등장 인물과 밀접하게 관계되어 있고 그 가운데서 가장 중요한
것은 이 영화의 주인공인 지포를 상징하는 <지포의 테마>이다.
이 테마는 시퀀스 1의 자막 타이틀의 배경에 안개 속에서 한 사
나이(지포)가 걷는 데서 처음 등장하며 영화를 통해서 가장 많이
들을 수 있다. 주인공에 대한 관객의 정서적 동일화라는 할리우
드의 고전 영화 규칙에 충실하기 때문이기도 하다.

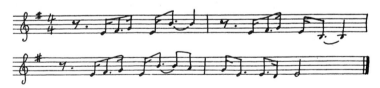

지포의 테마

1) <밀고자>의 음악 특성에 관해서는 Kathryn Kalinak, *Settling the Score:
Music and the Classical Hollywood Film*, The University of Wisconsin Press, 1992,
pp.113~34를 참조했다. 테마 악보들도 같은 글에서 인용했다.

이 <지포의 테마>는 영화 전체를 통해 몇 가지로 변주되어 사용된다. 전반부에서 지포의 등장에 수반되는 테마는 위의 악보에 의존하지만, 시퀀스 8의 경우 지포가 사령부에서 현상금을 받고 나와 술집에 들어가는 장면에서 변주된 형태로 들린다. 같은 시퀀스에서 그가 위스키를 들이킬 때도 마찬가지다. 시퀀스 16에서 감옥의 지포에 수반하는 음악도 변주된 형태이다.

시퀀스 3이 시작되면서 들려 오는 테마는 <케이티의 테마>이다. 영화에서는 간접적으로만 표현되지만, 케이티의 직업이 매춘부임은 어렵지 않게 알 수 있다. 그녀는 화려한 의상으로 안개 속에서 등장해 남자를 유혹한다. <케이티의 테마> 역시 이러한 그녀의 직업적 특성을 암시한다.

케이티의 테마

<케이티의 테마>의 특징은 인간의 감성적, 성적 측면과 깊이 연관되어 이른바 '데카당스적'이라고 간주되는 음악 형태들, 즉 재즈, 블루스, 랙타임의 음악적 특성을 지닌다. 이들 재즈, 블루스, 랙타임의 특징은 반음계와 불협화음을 위주로 하는 일탈적인 하모니, 잦은 싱코페이션의 사용, 음표들 사이의 미끄러지는 듯한 연결을 중시하는 포르타멘토, 그리고 3도음과 7도음을 반음 내린 블루 노트의 사용 등에 있다. <케이티의 테마>는 이들 '퇴폐적'인 음악의 특성을 그대로 보이면서 그녀의 직업을 암시한다.

나아가 지포의 파멸이 근본적으로는 그녀를 향한 성적 욕망에 있다는 것도 암시된다. 더욱이 이 테마는 재즈 음악을 대표하는 '퇴폐적 악기'인 색소폰으로 연주된다. 그러나 시퀀스 18에서 케이티가 메리와 캘러거를 찾아와 지포를 도와 달라면서 그를 향한 자신의 사랑을 호소하는 장면에서의 <케이티의 테마>는 '정숙한 악기'인 바이올린으로 연주된다. <케이티의 테마>는 물론 케이티가 등장하는 장면들에서 연주되지만, 때로는 상징적으로 사용되기도 한다. 시퀀스 4에서 지포가 밀고를 결심하는 장면에서도 그렇고, 시퀀스 5에서 밀고를 위해 영국군 사령부 안으로 들어간 뒤 문이 닫힐 때도 이 테마가 등장해 밀고의 동기를 상징한다.

케이티의 테마와 대조적인 것이 프랭키의 여동생이자, 조직의 책임자 캘러거의 연인인 메리를 위한 <메리의 테마>이다.

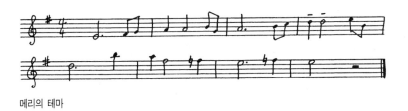

메리의 테마

메리가 등장할 때마다 나오는 이 테마는 <케이티의 테마>와 여러 면에서 대조적이다. 장식음이 없고 거의 전통적인 3화음을 중심으로 하며 바이올린과 하프 등 전통적인 악기들로 연주된다. 더욱이 작곡가인 스타이너는 <메리의 테마>에 '아주 부드럽게' 등의 음악적 용어를 붙였다. 특히, 시퀀스 18에서 메리가 케이티와 마지막 대화를 나누는 장면의 <메리의 테마>에는 '천상의 음악풍으로'라고 지시했는데, 이를 통해 케이티와 달리 그녀가 훌륭한 존재라는 것이 암시된다.

　다음에 등장하는 중요한 테마는 <돈의 테마>이다. 이 테마는 시퀀스 7에서 처음 등장한다. 전화로 프랭키의 죽음을 확인한 영국군 장교는 돈을 꺼내 테이블에 던진다. 옆에 있던 부하는 지팡이 끝으로 그 돈을 지포에게 밀어 준다. 이 때 등장하는 돈의 테마는 네 개의 음표로 되어 있다.

돈의 테마

　이 <돈의 테마>는 불협화음으로 이루어져 있다. 이런 식의 화음은 악惡의 분위기와 연관되기 때문에 고전 음악 시대에는 보통 기피되었다. 스타이너는 음악으로써 돈을 악의 상징으로 제시하는데, 이 테마는 뒤에서도 여러 번 사용되면서 계속 돈을 악으로 연결시킨다. 예를 들면 시퀀스 8에서 케이티를 만난 지포에게 술집 주인은 거스름돈을 준다. 동전 네 개를 테이블에 던질 때마다 돈의 테마의 4개 음이 가벼운 음색으로 미키 마우싱된다. 그 거스름돈을 보고 케이티는 두려운 음성으로 돈의 출처에 관해 지포에게 묻는다.

　마지막으로 중요한 테마는 <맹인의 테마>이다. 지포는 사령부에서 현상금을 받아 나오던 중에 맹인을 발견한다. 지포는 험상궂게 그에게 다가가지만 맹인이라는 것을 알고 주춤거린다.

맹인의 테마

이 <맹인의 테마>는 두 가지 기능을 한다. 먼저 실제의 맹인이 등장할 때마다 사용되며(시퀀스 15에서 밝혀지는 것처럼 그 맹인은 IRA의 조직원이다), 동시에 지포의 양심을 상징한다.

이렇게 대표적인 모티프들이 영화 속 이야기의 전개와 대응해 번갈아 사용되며, 또한 이 테마들은 그 인물의 심리 변화와 상황 변화에 따라 변주된다. 특히, <지포의 테마>는 가장 여러 개로 변주 사용된다.

3) 미키 마우싱의 사용

<밀고자>에는 처음부터 끝까지 미키 마우싱이 자주 사용된다. 시퀀스 1의 자막 타이틀에서부터 지포의 걸음걸이에 맞추어 <지포의 테마>가 들려 온다. 이 미키 마우싱 방식은 영화 속 인물의 동작과 일치된 상태로 전편에 걸쳐 계속되는데, 요즘 기준으로 보면 지나치게 기계적으로 보일 정도로 과다하다.

그러나 1950년대에 이 방식이 사라질 때까지 할리우드 고전 영화들이 미키 마우싱을 선호한 것은 이유가 있다. 먼저 이 방식은 관객에게 비디제시스적 음악의 존재를 잊게 한다. 즉, 고전 할리우드 영화 음악의 특성 가운데 불가청성의 원칙에 잘 부합하는 것이 미키 마우싱이다. 동시에 미키 마우싱은 주제와 관련하여 사용될 수 있다. 지포의 걸음걸이의 성격에 따라 그에 따르는 음악이 조절될 수 있기 때문이다. 또한 미키 마우싱은 상징적으로 사용될 수도 있다. 시퀀스 2에서 지포가 프랭키의 포스터를 찢을 때 음악은 동작에 맞추어 미키 마우싱한다. 그러나 그가 그 곳을 떠나 아일랜드 민요를 부르는 소년을 바라보는 동안, 바람결에

실려 그 구겨진 포스터가 지포에게 날아온다. 이 때 동행하는 음악은 지포에게 붙어 다니는 프랭키의 운명적인 관계를 상징한다.

4) 민요의 사용

<밀고자>에는 많은 민요들이 다양한 기능을 수행하면서 사용된다. 먼저 눈에 띄는 것은 그 대부분이 아일랜드 민요라는 사실이다.

시퀀스 2에서 프랭키의 포스터를 볼 때, 지포가 프랭키와 함께 아일랜드 민요 <초록 옷을 입으리라 *Wearin' of the Green*>를 힘차게 부르는 장면이 이중 인화로 보인다. 두 사람이 아일랜드를 위해 싸운 가까운 동료라는 사실이 암시된다. 같은 시퀀스에서 거리의 소년이 부르는 노래 역시 아일랜드 민요인 <트랄리의 장미 *Rose of Tralee*>이다.[2] 시퀀스 9에서 들리는 노래도 <음유 소년 *The Minstrel Boy*>이라는 아일랜드 노래다. 그리고 시퀀스 14의 유곽에서도 아일랜드 노래인 <아름다운 젊은 날이여 *Believe Me If All Those Endearing Young Charms*>가 모두 디제시스적으로 흐른다. 적은 예산과 한정된 촬영 일수 때문에 아일랜드의 분위기를 시각적으로 충분히 낼 수 없는 상황에서 이러한 민요들은 아일랜드를 상기시키는 경제적인 장치들이다.[3]

그러나 기성의 민요가 내러티브와 더 직접 관계하며 사용되는 점도 눈에 띈다. 먼저 시퀀스 2에서 지포가 프랭키의 현상 포

---

2) 트랄리는 아일랜드의 남서부 케리 주 주도 이름이다.

3) 당시 존 포드는 이 시나리오가 상업성이 없다는 이유로 많은 스튜디오에서 거절당한 뒤, '양심의 스튜디오'라고 불리던 RKO에서 제작비 24만 달러에 촬영 일수 18일이라는 B급 영화 계약 조건으로 완성할 수 있었다.

스터를 보는 장면에는 음악이 없으면 확실한 의미를 알 수 없는 숏이 등장한다. <초록 옷을 입으리라>는 노래를 함께 부르는 장면을 회상하고 난 뒤 포스터를 응시하는 지포의 무표정한 얼굴의 숏이 이어진다. 그리고 다음 숏은 '현상금 20파운드'라는 글씨가 클로즈업으로 보이고 '프랭키 맥필립'이라고 중얼거리는 지포의 얼굴로 이어진다. 여기서 지포가 현상을 내건 영국군에 대한 분노의 감정을 감추는지, 아니면 이미 프랭키의 현상금에 욕심을 내는지 표정으로는 불분명하다. 그러나 그의 얼굴에 비디제시스적으로 영국의 음악 <지배하라! 영국이여 *Rule Britannia*>의 단편이 단조短調로 흐름으로써 이 순간 지포의 지배적 감정은 순수한 영국군에 대한 반감, 즉 프랭키에 대한 애정 심리임을 알 수 있다.

　비슷하게 비디제시스적으로 민요가 사용되는 것은 시퀀스 3에서 케이티가 미국 여행 포스터를 보는 장면에서다. 미국 민요인 <양키 두들 댄디 *Yankee Doodle Dandy*>가 역시 단조로 편곡되어 잠시 흐름으로써 미국 여행에 대한 환상, 그러나 바로 그 때문에 비극이 발생하게 되리라는 것까지 암시된다. 그리고 시퀀스 4에서 영국군 사령부로 가기 전 지포가 다시 바라보는 미국 여행 포스터 위에도 같은 민요가 흐른다. 이 음악은 <케이티의 테마>로 이어진다. <양키 두들 댄디>의 단편은 시퀀스 11에서 지포가 미국 여행 포스터를 보는 장면에서 또다시 비디제시스적으로 등장해 밀고의 동기를 상기시킨다.

5) 라이트모티프의 심리적 사용

위의 여러 라이트모티프들은 이야기가 얽히면서 변형되고 교차 사용되면서 상황에서의 인물의 내부적 심리를 드러낸다. 중반 이후 그 심리적 사용은 주로 주인공 지포를 중심으로 진행된다.

시퀀스 8에서 지포의 불안은 <돈의 테마>와 <지포의 테마>가 반복 사용됨으로써 표현된다. 다만 여기서 <지포의 테마>는 첼로 사용으로 제시되기 때문에 지금까지와는 다른 음색으로 불안감을 그린다.

시퀀스 10에서 댄 캘러거가 바틀리와 함께 지포를 조사할 때는 변형된 <지포의 테마>와 함께 앞에서 잠깐 나왔던 아일랜드 민요 <초록 옷을 입으리라>를 사용해 국가와 개인 사이에서의 지포의 갈등을 상징적으로 보여 준다. 특히, 여기서 지포가 자신의 행위를 부인할 때 <돈의 테마>가 흐름으로써 지포의 죄의식은 오히려 강화된다.

시퀀스 11에서 지포는 여전히 자신의 행위에서 벗어나려 하지만 동행하는 음악은 계속 <돈의 테마>와 <맹인의 테마>이다. 빠져 나갈 수 없는 운명의 고리는 계속 그에게 붙어 다닌다. 이 시퀀스 마지막에서 진열장 안을 바라보는 지포의 위에 <케이티의 테마>가 바이올린으로 연주된다. 이 때 지포는 동료에게 케이티를 보고 싶다고 말한다.

시퀀스 12의 유곽에서 낯선 여인을 만나 케이티로 착각할 때도 당연히 <케이티의 테마>가 들린다.

시퀀스 13에서 메리와 캘러거가 등장하는 장면에서는 <메리의 테마>가 들린다. 그러나 프랭키가 죽기 전 던보이 하우스에서 지포를 만났다는 사실을 캘러거에게 이야기할 때 음악은 다시 <지포의 테마>다.

시퀀스 15의 회의장에서 각각의 테마들은 등장 인물을 충실히 따른다. 맹인이 증언할 때는 <맹인의 테마>가, 지포를 미행한 바틀리가 지포의 돈에 관한 증언을 할 때는 <돈의 테마>가, 메리의 클로즈업에는 <메리의 테마>가 들린다. 그러나 마지막에 지포가 "왜 내가 그런 일을 저질렀는지 이야기해 줄 사람 없습니까?"라고 외칠 때 배경 음악으로 <케이티의 테마>가 흐르면서 그의 질문에 대답을 한다. 이어서 지포가 자신의 행위를 고백할 때는 <메리의 테마>가 흐르면서 그에 대한 동정심을 불러일으킨다.

이처럼 영화 후반부는 지포의 심리를 중심으로 앞에서 제시된 테마들이 교차 사용되면서 영화의 내러티브에 대응해 간다.

2. 할리우드 내부의 대안적 경향 — <위대한 앰버슨 가>

오슨 웰스의 <위대한 앰버슨 가>는 <시민 케인>에 이어 1942년 RKO에서 제작되었다. 그러나 <시민 케인>의 상업적 실패로 인해 감독 오슨 웰스는 영화의 최종 편집권을 제작자로부터 얻지 못했고, 따라서 148분 길이의 원본이 88분으로 축소되었다. 동시에 이 영화에 사용된 버나드 허먼의 음악도 크게 축소되는 변화를 겪었다. 전체 58분 길이로 작곡된 허먼의 음악 가운데 31분 길이의 음악이 내용 변화와 함께 삭제되었다. 그러나 더 큰 변화는, 오슨 웰스의 의도와 달리 스튜디오의 지휘에 의해 마지막 병원 장면이

재촬영 삽입되었고, 이에 따라 같은 장면에서 로이 웨브의 작곡에 의한 새로운 음악이 삽입된 점이다.[4]

그럼에도 불구하고, <위대한 앰버슨 가>에서 버나드 허먼의 음악은 당대의 지배적인 할리우드 영화 음악의 경향과 크게 다른 특징들을 보여 준다. 먼저, 제2장에서 본 것처럼 맥스 스타이너를 비롯한 당시 할리우드의 음악가들이 영화의 전편을 음악으로 채우는 경향을 보였음에 반해 허먼은 음악과 내용을 피상적으로 대응시키는 방식을 피했다. 대신에 <시민 케인>과 <위대한 앰버슨 가>에서 보이는 것처럼, 음악은 영화 속에서 간간히 사용되면서 전체적인 주제를 심화시킨다. 그 결과 음악은 화면에 대한 종속적인 차원을 넘어서 주제를 형성하는 중요한 요소로서 기능한다. 허먼은 맥스 스타이너에 의해 할리우드 극영화에 도입된 미키 마우싱 방식도 피했고, 인물의 심리 변화에 대응하기 위한 인물 중심의 라이트모티프 설정도 피했다. 그 대신 허먼의 음악은 오슨 웰스가 의도한 심층 테마, 즉 산업 혁명 이전의 목가적인 생활 방식과, 자동차의 발명으로 대표되는 새로운 시대의 가치관 사이의 충돌과 세기 전환기 미국의 사회 변화에 조응하면서 앰버슨 가의 몰락을 묘사한다.

스타이너, 콘골트, 뉴먼이 모두 오케스트라에 의한 심포닉 사운드를 기조로 했음에 반해 <위대한 앰버슨 가>에서 허먼은 적은 숫자의 악기에 의한 소형 앙상블을 중심으로 끌어갔다. 또한 보통의 경우라면 가장 고양된 정서적 음악을 배경에 삽입해야 할

---

4) 이 사실을 알고 버나드 허먼은 <위대한 앰버슨 가>의 자막에 자신의 이름을 넣지 말 것을 요구했다. 그 결과 이 영화에는 버나드 허먼의 이름이 등장하지 않는다.

15. <위대한 앰버슨 가>는 귀족적인 구가치관과 '진보적인' 가치의 대립을 다룬다.

클라이맥스 장면들에서 오히려 음악을 제거했고, 멜로디 중심으로 영화를 꾸미는 대신 짤막한 음악 단편들에 의해 내용의 코멘트로서 기능하게 한 것도 지배적 경향과 다른 특징들이다.

1) <위대한 앰버슨 가>의 시놉시스와 시퀀스

1873년 미국 중서부 소도시의 명문가인 앰버슨 가의 딸 이사벨 앰버슨(돌로레스 코스텔로)은 집안의 결정에 따라 역시 명문가 출신의 윌버 미내퍼와 결혼한다. 그녀는 자동차 발명에 관심을 지닌 유진 모건(조셉 코튼)과 사랑하는 사이였지만 집안에서는 그가 귀족 출신이 아니라는 이유로 결혼을 반대한다. 유진은 마을을 떠나고, 이사벨은 아들 조지를 낳는다. 조지는 어릴 때부터 난폭한 성격을 지닌다.

18년 뒤, 대학 2학년생이 된 조지(팀 홀트)는 방학을 맞아 집에 온다. 앰버슨 저택에서는 크리스마스 무도회가 열리고, 마을을 떠난 뒤 결혼했던 유진은 홀아비가 되어 딸 루시(앤 박스터)와 함께 돌아와 무도회에 참석한다. 유진은 이사벨과 인사를 나누고, 조지는 루시에게 연정을 느낀다. 다음 날 두 가족은 자동차와 마차를 타고 소풍을 나선다.

남편 윌버가 죽고, 앰버슨 가의 저택에는 이사벨과 조지 그리고 조지의 고모인 파니 미내퍼(아그네스 무어헤드)와 외삼촌 잭 앰버슨(레이 콜린스) 그리고 외할아버지만이 남는다. 유진은 앰버슨 가에 자주 찾아오고, 조지는 그것이 파니를 향한 연정 때문이라고 생각한다. 조지는 루시에게 청혼하지만 거절당한다. 어느 날 식사에 초대된 유진에게 조지는 자동차에 관련된 이야기로 모욕을 준다. 유진이 떠난 뒤 조지는 파니에게서 어머니 이사벨과 유진에 대해 떠도는 소문을 듣는다. 분개한 조지는 며칠 뒤 청혼을 위해 찾은 유진에게 앞으로 앰버슨 가에 오지 말라고 한다. 유진의 편지를 받고 절망한 이사벨은 아들 조지와 세계 여행을 떠난다.

얼마 후 파리에서 병에 걸린 이사벨과 함께 조지는 집으로 돌아온다. 이사벨이 죽은 뒤, 앰버슨 가는 재산권을 모두 상실한다. 파니 역시 투자 실패로 재산을 모두 잃고, 외삼촌은 다른 곳으로 떠난다. 조지는 생활 유지를 위해 고수입의 위험한 일을 시작하지만 자동차 사고로 죽는다.

이 시놉시스를 토대로 시퀀스를 나누면 다음과 같다.

자막 시퀀스 머큐리 프로덕션 자막과 영화 제명이 간단하게 등장.

시퀀스 1 1873년이라는 시대 배경과 함께, 이사벨 앰버슨이 윌버와 결혼하고 유진 모건은 마을을 떠나는 상황이 해설과 함께 소개된다.

시퀀스 2 조지는 난폭한 성격의 아이로 성장한다.

시퀀스 3 앰버슨 가에서 크리스마스 무도회가 열리고, 유진은 딸 루시와 함께 참석한다.

시퀀스 4 파티가 끝난 뒤 유진과 관련해 조지는 파니와 말다툼을 한다.

시퀀스 5 마차와 자동차를 가지고 두 가족은 피크닉을 간다.

시퀀스 6 윌버 미내퍼가 사망하고 장례식이 행해진다.

시퀀스 7 부엌에서 조지가 식사하면서 파니와 대화한다. 그는 유진이 파니에게 연정을 품고 있다고 이야기해 파니와 다툰다.

시퀀스 8 이사벨과 조지, 파니는 유진의 자동차 공장을 방문한다.

시퀀스 9 이사벨과 유진은 앰버슨 저택 앞에서 대화를 하고, 루시는 조지와 마차를 타고 데이트한다.

시퀀스 10   앰버슨 가에 초대된 유진에게 조지는 모욕을 준다. 유진이 떠난 뒤 조지는 파니에게서 마을의 소문에 관해 이야기를 듣는다. 그는 동네의 한 부인 집을 찾아가 그 소문을 확인한다.

시퀀스 11   유진이 앰버슨 가를 방문하지만, 조지는 문 앞에서 그를 쫓는다. 조지는 다시 파니와 다툰다.

시퀀스 12   유진은 이사벨에게 편지를 쓰고 이사벨은 그것을 읽는다. 조지는 어머니 방에 와 앰버슨 가의 명예에 관해 이야기를 한다.

시퀀스 13   거리에서 루시를 만난 조지는 곧 어머니와 세계 일주를 할 계획임을 밝힌다.

시퀀스 14   유진과 루시가 앰버슨 저택을 방문한다.

시퀀스 15   병에 걸린 이사벨이 조지와 함께 돌아온다.

시퀀스 16   유진은 이사벨을 문병하기 위해 오지만 다시 조지에 의해 거절당하고, 이사벨은 죽는다.

시퀀스 17   이사벨이 죽은 뒤 앰버슨 가에는 재산권 상실 등 경제적 어려움이 따른다. 외삼촌은 기차를 타고 집을 떠난다.

시퀀스 18   정원을 산책하면서 루시는 아버지 유진에게 그 정원과 관련된 인디언 전설을 이야기한다.

시퀀스 19   파니와 조지가 경제적 문제로 다툰다. 조지는 많은 돈을 벌기 위해 법률 사무소를 그만둔다.

시퀀스 20   앰버슨 저택을 둘러싼 거리의 모습이 변화해 간다.

시퀀스 21   조지가 자동차 사고로 중상을 입었다는 신문 보도를 읽는 유진과 루시.

시퀀스 22   병실에서 나온 유진은 파니에게 "조지가 나에게 용서를 빌었다"고 말한다.

시퀀스 23   <위대한 앰버슨 가>의 스태프와 캐스트 이름을 오슨 웰스가 소개한다.

2) 귀족주의 전통을 대표하는 왈츠 음악의 사용

영화는 19세기까지 계속된 귀족주의의 가치들이, 기계 문명에 의한 산업 사회의 새로운 질서로 대치되는 과정을 그린다. 앰버슨 가의 사람들은 귀족적인 옛 가치를 대표하며, 반면에 '진보'라는 새 시대의 가치를 대표하는 사람은 유진 모건이다. 그러나 여기서 테마 음악들은 유진과 앰버슨 사람이라는 특정 인물들을 상징하지 않는다. 그 대신 음악은 이 두 개의 대립 가치들을 상징하는 것으로서 전체적으로 철저하게 2분법적으로 사용된다. 그 점에서 버나드 허먼의 음악은 표면적인 드라마보다 감독이 의도하는 심층적인 테마를 상징하는 것으로서 기능한다. 이 특징은 영화가 시작되면서 바로 발견할 수 있다.[5]

시퀀스 1은 표면적으로 이사벨 앰버슨과 유진 모건이라는 개인들의 젊은 시절 연애담을 압축해 놓는다. 유진은 새롭게 유행하는 의상과 모자를 갖추고 자신이 직접 만든 자동차를 타고 앰버슨 저택에 와서 이사벨을 찾는다. 그러나 흑인 하인에 의해 번번이 문에서 통제당한다. 그는 악기를 들고 동료들과 함께 앰버슨 저택 안의 이사벨에게 세레나데를 부르려 하지만, 실수로 넘어질 뿐이다. 결국 이사벨이 귀족 집안의 윌버와 결혼하기까지의 상황이 몽타주와 오슨 웰스 자신의 해설로 보여진다. 그러나 이 몽타주를 통해 오슨 웰스는 이미 두 시대의 가치를 대립시킨다.

음악은 몽타주에 정확하게 대응한다. 첫 컷으로 앰버슨 가의 우람한 저택이 아름다운 자태로 등장할 때는 19세기 귀족 문화를

---

5) <위대한 앰버슨 가>의 음악적 특성은 Kalinak, 앞의 책, pp.135~58을 참조했다. 악보는 같은 책, p.143에서 인용했다.

상징하는 3박자의 왈츠곡이 느린 템포로 들린다. 그러나 유진이 새로운 유행을 좇아 의상을 갈아입는 장면으로 바뀌면서 음악은 자연스럽게 2박자의 빠른 곡으로 전환된다. 악기의 사용도 19세기적 왈츠곡에서는 바이올린과 하프 등 유럽의 고전적인 것을 중심으로 하며, 20세기를 상징하는 음악은 목관 악기와 금관 악기로 구성된다. 이 두 종류의 멜로디는 시퀀스 1을 통해 계속 교차하면서 양 시대의 생활 양식과 가치관, 즉 여유와 효율성, 낭만주의와 테크놀로지, 이상주의와 진보성이라는 특징들을 대조시킨다. 결국 시퀀스 1에서 승리하는 것은 귀족주의다.

여기서 19세기를 상징하는 음악은 에밀 발트토이퍼의 왈츠곡인 <영원토록 *Toujours ou Jamais*>의 멜로디이다. 19세기 요한 슈트라우스와 함께 왈츠곡을 즐겨 작곡한 그의 음악은 이 영화에서 이처럼 19세기적 가치를 상징하는 음악으로, 그리고 후반부에는 그 일부가 드물게 등장하면서 흘러간 과거를 잠시 회상하는 기능으로 사용된다. 이 멜로디는 다음과 같다.

<영원토록>의 테마

시퀀스 3의 크리스마스 무도회 장면은 앰버슨 가의 부와 권력의 마지막 절정기를 과시하는 부분이다. 여기서는 이 <영원토록>의 멜로디 전곡이 19세기적 연주 방식대로 현을 중심으로 연주되며, 때로는 디제시스적으로 보케리니의 <미뉴에트>가 들리기도 한다. 그러나 크리스마스 무도회 장면이 지나면서 이 멜로디는 차츰 사라진다. 간혹 그 단편이 제시되더라도 잘 조화되지 않는 상태의 불협화음을 중심으로 음울하게 나타날 뿐이다. 앰버슨 가의 영광은 이후 재현되지 않기 때문이다. 다만 전반부에서처럼 현악기로 연주되는 경우는 시퀀스 12에서 유진이 보낸 사랑의 편지를 이사벨이 읽을 때, 그리고 시퀀스 16에서 이사벨이 죽을 때이다. 시퀀스 12에서는 젊은 시절 이루어질 수 없었던 두 사람의 불행한 사랑을 확인시킨다. 세월이 흘러 시대가 변한 지금에도 두 사람의 사랑은 맺어질 수 없다. 한편 시퀀스 16에서 이 테마 음악은 앰버슨 가의 화려했던 시절을 잠시 회상하게 한다. 이제 이사벨의 죽음과 함께 앰버슨 가의 영광은 끝나기 때문이다.

3) 마차와 자동차의 대립을 음악적 대립으로 상징

시퀀스 5는 유진 모녀와 앰버슨 가의 사람들이 함께 겨울 소풍을 가는 시퀀스이다. 여기서 버나드 허먼은 다시 음악을 대립시킴으로써 두 세계를 대비시킨다. 조지는 루시를 자신의 마차에 태우고 눈길을 달린다. 반면에 유진의 자동차는 고장이 나 멈춰 섰고, 유진은 시동을 걸기 위해 애쓴다. 유연하게 눈길을 마차로 달리는 장면에서는 징글 소리를 전면에 세운 우아한 음악이 동행한다. 반면에 자동차를 고치는 장면은 자동차의 음을 생각나게 하는 음악으로 장식한다. 자동차 시동을 거는 모습이 화면에 보이면서 이 음악은 테크놀로지로 대표되는 산업 사회를 상징한다.

이 시퀀스에서 특히 눈에 띄는 것은 마차와 자동차의 컷 백에 맞추어 음악이 교차 사용되는 점이다. 마차 장면과 자동차 장면은 계속 교차 편집된다. 음악은 그 장면에 따라 함께 교차되지만, 매끈하게 연결되므로 마치 한 곡처럼 들린다. 이러한 방식은 버나드 허먼과 오슨 웰스가 이미 <시민 케인>에서 시도했다. 찰스 포스터 케인과 첫번째 부인의 거듭되는 아침 식사의 몽타주 장면에서 오슨 웰스는 버나드 허먼의 주제 및 변주로 이루어진 음악에 맞추어 편집 템포를 조절했다. <위대한 앰버슨 가>의 소풍 장면은 음악과 편집의 일치가 영화의 기본 테마에까지 연장된다는 점에서 더욱 탁월하다. 결국 조지의 마차는 눈 덮인 언덕길에서 미끄러져 두 사람을 떨어뜨린 채 달아나고, 조지는 유진의 자동차 뒤에서 매연을 맡으면서 자동차를 미는 신세가 된다. 시퀀스 1에서와는 대조적으로 이 시퀀스 5에서는 테크놀로지를 앞세운 새로운 가치관이 승리한다.

시퀀스 13에서 음악은 전혀 사용되지 않지만, 음향을 마치 음악처럼 사용함으로써 다시 한 번 시대 교체를 암시한다. 조지는 세계 일주를 떠나기 전날 거리에서 루시를 만난다. 두 사람은 이야기를 하면서 걷는다. 장시간에 걸친 롱 테이크를 통해 카메라는 두 사람의 상반신을 담은 채 같은 각도를 유지하면서 천천히 움직인다. 배경에 잠깐씩 보이는 것은 새로 생겨난 상점들의 모습이다. 이 장면에서는 자동차 소리가 계속 들리고, 가끔 마차 소리가 들려 오면서 조지의 시대, 즉 귀족적인 앰버슨의 시대가 끝

나고 루시의 시대, 즉 자본주의적 산업 시대가 도래했음을 사운
드로써 암시한다. 루시는 결국 조지의 청혼을 거절한다. 앰버슨
가의 명예를 위해 어머니와 유진의 결혼을 거부한 조지는 루시마
저 잃어버리고, 앰버슨 가의 시대도 함께 마감되는 것이다.

4) 음악이 '부재'하는 시퀀스들, 그리고 '병원 시퀀스'

<위대한 앰버슨 가>에는, 당시 보통의 할리우드 영화였다면 당
연히 사용되었을 만한 장면에서 음악이 부재하는 시퀀스가 많다.
먼저, 보통의 할리우드 고전 영화들과 달리, 영화가 시작되는 오
프닝 부분에 효과 음악이 부재한다. 머큐리 프로덕션의 타이틀과
제목 타이틀만 조용히 보인 뒤 시퀀스 1이 시작되는 것이다.

또한 조지와 파니가 다투는 극적인 장면들에서 음악이 거의
사용되지 않았다는 점이 눈에 띈다. 구체적으로 시퀀스 4와 7, 10
그리고 19는 모두 등장 인물들의 감정이 격앙된 장면임에도, 전
혀 효과 음악이 삽입되지 않는다.

오슨 웰스는 등장 인물들의 연기력에 중점을 두는 장면에서
는 영화적 장치를 최소화하면서 영화를 이끌어 갔다. 따라서 가
장 극적인 음악이 필요할 것 같은 시퀀스에서 음악을 제거함으로
써 그 시기 할리우드적 리얼리즘과는 다른 차원의 현실감을 부여
한다. 대표적인 경우가 시퀀스 10이다. 조지는 그 때까지 모친과
유진의 관계에 대해서 의심을 품지 않았다. 그는 유진이 앰버슨
가에 출입하는 것이 노처녀인 파니를 향한 연정, 그리고 자신의
자동차 사업에 필요한 자금 마련 때문이라고 생각한다. 그러나
유진에게 연정을 품은 파니는 이사벨과 유진에 대한 질투심에서

조지에게 소문에 대해 알려 준다. 조지는 큰 충격을 받는다. 이 장면에서 음악이 제거됨으로써 순수하게 등장 인물들의 연기에 의해 리얼리티가 생성된다.

길게 찍기의 대표적인 사례로 자주 거론되는 시퀀스 7의 부엌 장면에서도 마찬가지로 음악은 제거된다. 빗소리와 천둥 등 디제시스적 음향만이 들리는 가운데 진행되는 이 시퀀스는 순전히 인물들의 연기에 의해 감정이 고양된다. 시퀀스 19에서도 구체적으로 앰버슨 가의 경제적 몰락이 어떻게 진행되는가가 음악의 도움 없이 보여진다. 따라서 이들 시퀀스에서는 문학에서 말하는 자연주의적인 효과들이 생겨난다.

이들 시퀀스에서 보이는 음악의 절제와 자연주의적 분위기는 마지막 병원 시퀀스와 대비시킬 때 그 효과가 명확히 드러난다. 중반 이후 버나드 허먼은 음울한 분위기의 음악을 간헐적으로 사용하는 것 외에는 거의 음악을 억제한다. 그러나 시퀀스 22에서 그 분위기는 갑자기 반전되어 휴머니즘의 색채를 띤다. 이 마지막 시퀀스는 감독 오슨 웰스의 의도와 상관없이 제작자에 의해 추가된 것이고, 음악도 로이 웨브에 의해서 작곡되었다. 파니는 행복한 미소를 띠며 음악은 현악기를 위주로 한 밝은 느낌을 준다. 바로 당시 보통의 할리우드 영화에서 음악이 사용되던 방식이다.

이렇게 <위대한 앰버슨 가>에서 오슨 웰스와 버나드 허먼은 전체적으로 음악의 사용을, 당대의 할리우드 영화들이 취하던 방식과는 다른 식으로 행함으로써 음악의 내러티브적 표현의 범주를 넓혔다. 버나드 허먼은 1950년대 중반 이후 알프레드 히치콕 감독의 영화들을 통해 그 가능성들을 다시 펼쳐 놓는다.

3. 유럽 모더니즘 영화 음악과 내러티브 — <비브르 사 비>

1962년에 만들어진 <비브르 사 비>는 구조의 측면에서 볼 때 당시 고다르 영화들 가운데서 가장 음악적이다. 우선 이 영화는 명확히 구분되는 12개의 장(場, *tableau*)으로 이루어진다. 물론 고다르가 이 영화를 12개의 장으로 나눈 것은 먼저 "브레히트적인 측면, 연극적인 면을 강조하기 위해서"였다.[6] 그러나 순전히 형태의 측면에서 볼 때 음악의 변주곡 형식과 어렵지 않게 연결시킬 수 있다. 뿐만 아니라, 고다르는 소제목으로 명확히 나뉜 12개의 에피소드를 통해 다양한 카메라 스타일을 실험한다. 그래서 데이비드 보드웰은 <비브르 사 비>에 등장하는 2인 숏에 적용된 카메라 스타일들을 '주제와 변주'라는 음악 용어로써 설명한다.

고다르는 자신의 영화를 통해 전통적인 영화 작법 영역에서 벗어나는 실험적 방법론을 계속 도입했다. 음악의 측면에서도 그것은 예외가 아니었는데, 특히 <비브르 사 비>에서는 '내러티브에 종속적 요소로서의 음악'이라는 통념을 반전시켰다. 에이젠슈테인이나 장 콕토처럼 음악의 독립적 성격을 확립하는 데서 더 나아가, 이 영화에서는 내러티브의 변화가 동일한 음악이 지닌 의미를 변화시킬 수 있는 가능성까지 실험한다.

<비브르 사 비>의 음악 사용이 지닌 독자성은 그 동안 여러 번 지적되었다. 고다르의 1960년대 영화들에 내용과 형식의 측면에서 깊이 있는 분석을 행한 리처드 라우드는 특히 인물 자막이 등장하는 오프닝 시퀀스에서 주인공 나나(안나 카리나)의 얼굴을

---

6) Jean Narboni & Tom Milne (ed.), *Godard on Godard*, Secker & Warburg, 1968, p.187.

세 방향에서 찍은 점에 주목한다. 3개 1조 *triad* 라는 고전적 방식에 따라 시각적 양식화를 시도하면서 고다르는 동시에 청각적인 양식화도 행한다는 것이다. 그래서 나나의 왼편 얼굴을 찍은 화면 위에 23초 동안 흐르는 음악은 25초 동안 무성으로 바뀌고, 정면 숏이 등장하면서 다시 시작하는 음악은 24초 동안 계속된 뒤 다시 16초 동안 무성, 그리고 마지막 오른편 얼굴의 화면 위에 등장하는 음악은 26초 동안 들리고 이어서 21초 동안 무성 상태가 되는 식으로 음향과 무성이 교차로 제시되는 것에서 강력한 패턴화를 발견하는 것이다.[7]

1) <비브르 사 비>의 시퀀스

자막 시퀀스　나나의 얼굴 좌측면, 정면, 우측면이 교대로 등장하면서 인물 자막 소개.

시퀀스 1　어느 카페 - 나나는 폴과 헤어지기로 마음 먹는다 - 핀볼 기계

시퀀스 2　레코드 가게 - 2000프랑 - 나나는 자신의 삶을 산다

시퀀스 3　관리인 - 폴 - <잔 다르크의 수난> - 어느 저널리스트

시퀀스 4　경찰 - 나나는 심문당한다

시퀀스 5　주말의 거리 - 첫 손님 - 호텔

---

7) 음악과 침묵의 교차는 고다르가 선호하는 변증법을 상기시킨다. 동시에 이 방식은 브레히트 효과도 수행한다. 음악이 단편적이고 단속적으로 제시됨으로써 그 존재가 쉽게 관객의 의식에 호소할 수 있기 때문이다. 고다르 영화의 브레히트 효과에 관해서는 한상준, <고다르 영화의 브레히트 이론 수용에 관한 연구>, 중앙대학교 영화학과 석사 논문, 1990 참조.

시퀀스 6   이베트와의 만남 – 변두리 카페 – 라울 – 기관총 난사

시퀀스 7   편지 – 다시 라울 – 샹젤리제에서

시퀀스 8   오후 – 돈 – 호텔 – 쾌락

시퀀스 9   젊은 남자 – 루이지 – 나나는 자신이 행복한가를 자문한다

시퀀스 10   거리 – 어느 고객 – 쾌락은 즐거운 것이 아니다

시퀀스 11   샤틀레 광장 – 모르는 남자 – 나나는 자신도 모르는 사이에 철학한다

시퀀스 12   다시 젊은 남자 – <타원형 초상> – 라울은 나나를 팔아 넘긴다

2) <비브르 사 비>의 비디제시스적 음악

고다르는 처음에 비디제시스적인 하나의 테마와 11개의 변주를 만들어 12개의 장에 사용함으로써 영화 전체에 음악적 구조를 부여하려고 했다. 그가 <비브르 사 비>를 음악적으로 구성하려 한 사실은 작곡가 미셸 르그랑의 말에서 잘 드러난다.

> 고다르는 내게 말했다. "하나의 테마와 열한 개의 변주를 만들었으면 합니다. 영화 자체가 그런 방식으로 구성되어 있으니까요." 그래서 나는 좋다고 대답했다. 나는 영화를 보면서 하나의 테마와 열한 개의 변주를 만들었다. 고다르는 녹음실에서 내 음악을 듣고는 "훌륭합니다! 정말 완벽해요! 바로 내가 원하던 것입니다"라고 말했다. 그러나 나중에 고다르는 변주곡들 가운데서 하나를 선택한 뒤 영화 전체를 통해 그 하나만을 반복 사용하기로 했다. 그것은 놀라운 생각이었고, 그 결과는 아주 훌륭했다.[8]

---

8) Royal Brown, *Overtones and Undertones*, University of California Press, 1994, p.189.

미셸 르그랑이 증언하는 것처럼, <비브르 사 비>에서 들을
수 있는 비디제시스적인 음악은 하나의 짧은 테마에 불과하다. 이
멜로디는 단조로 이루어져 슬픈 감정을 불러일으킬 수 있는 테마
지만, 너무도 단순하고 간결하기 때문에 실상 멜로디 자체만 떼어
놓았을 때 약간의 감상성感傷性 외에는 깊은 정서적 효과를 얻기
힘들다. 그러나 정확히 표현하면 이 테마는 약간 변형된 상태로
두 종류가 더 등장한다. 이 세 가지의 멜로디는 모두 맨 처음 자
막 시퀀스에서 나나의 얼굴의 등장과 맞추어 교대로 제시된다.[9]

영화의 시작과 함께 화면에는 나나의 왼편 얼굴이 클로즈업
으로 나타난다. 그리고 여기에 테마가 함께 들린다. 이 테마는 두
마디로 연주되고 한 번 반복된 뒤 끝난다.

테마 1

마단조 E minor의 이 멜로디는 각 음표마다 단3도 아래의 음을
수반하면서 현악기, 플루트 그리고 피아노로 이루어진 실내 오케
스트라 연주로 들린다. 편의상 이것을 테마 1로 부른다.

23초 길이의 이 멜로디가 끝나면, 리처드 라우드의 지적대로,
25초 동안 아무런 음악이 들리지 않는다. 그리고 화면이 나나의 정
면 클로즈업으로 바뀌면서 두 번째 테마가 들린다.

---

9) <비브르 사 비>의 음악적 특성은 같은 책, pp.188~200을 참조했다. 악
보 가운데 테마 1과 테마 3은 같은 책에서 인용했고, 테마 2는 필자가 음악
을 듣고 구성했다. 따라서 테마 2는 원래의 악보와 미세한 차이가 있을 수
있다.

테마 2

　이 테마는 테마 1과 동일하게 시작된다. 모든 음표가 단3도 아래의 음을 수반하는 점에서도 똑같다. 그러나 테마 1보다 높은 올림 바단조 *F-sharp minor* 로 시작되며, 테마 1처럼 두 마디를 똑같이 반복하는 것이 아니고 후반부는 아래를 향해 내려가는 구조로 되어 마지막은 나단조 *B minor* 까지 내려온다. 이것을 테마 2로 부른다.

　24초 동안 이 멜로디가 들린 뒤, 다시 16초 동안 무성의 상태가 반복된다. 이어서 화면은 나나의 오른편 얼굴의 클로즈업으로 바뀌고, 세 번째 테마가 들린다.

테마 3

　악보에서 보이는 것처럼 이 테마는 테마 1과 같은 마단조로 시작되며 대부분 똑같이 진행되지만, 두 번째 마디의 끝 부분에서 잠시 마장조 *E major* 로 바뀌어 세 번째 마디의 첫 음까지 장조로 이루어진다.[10] 이 짧은 부분을 제외하면 테마 1과 똑같다. 이것을 테마 3으로 부른다.

이 세 개의 테마는 모두 음악적으로 종결되지 않는다. 테마 2 는 처음과 마지막이 다른 조로 바뀌며, 테마 1과 테마 3은 마단조로 시작되었지만 마지막에 사음 G 으로 끝난다. 그 결과 다른 테마가 부드럽게 이어지지 않는 한, 중간에 갑자기 그친 느낌을 준다. <비브르 사 비>의 테마들은 이렇게 완결성을 결한다는 점에서 할리우드 고전 영화 음악과 차이를 지니고, 그 점에서 <비브르 사 비>의 음악은 쉽게 브레히트적 효과를 낳는다.

영화 전체를 통해서 이 세 개의 테마는, 보통의 경우처럼, 음색의 변화를 갖거나 속도의 변화를 갖지 않는다. 테마의 일부만 사용되는 일도 없다. 똑같은 연주로 된 똑같은 길이의 멜로디가 변함없이 사용될 뿐이다. 따라서 <비브르 사 비>의 비디제시스적 음악 사용에서 중요한 점은 어느 지점에서 음악이 사용되며, 그 지점에서 세 가지 가운데 어떤 것이 어떤 순서로 사용되는가에 국한된다. 즉, 고다르는 이 영화에서 음악을 내러티브 혹은 인물 심리를 설명하는 종속적 요소 대신에 영화 자체를 구성하는 형태적 요소로서 다룬다.

내러티브에 대한 설명적 사용에 고다르가 무관심하다는 것은 시퀀스 1이 시작되면서 바로 드러난다. 나나와 폴이 헤어짐의 대화를 나누는 동안 카메라는 그들을 뒤에서 비춘다. 관객은 그들의 얼굴을 멀리 거울 속에서만 겨우 볼 수 있다. 두 사람이 대화하는 도중 테마 1이 23초 동안 갑자기 들린다. 그리고 잠시 음악이 다시 부재한 뒤에 불쑥 테마 2와 테마 3과 테마 1이 71초 동

---

10) 로열 브라운은 세 가지 테마 전체를 통해 유일하게 장조로 된 이 짧은 부분이 주인공 나나의 짧은 순간의 행복과 일치한다고 지적한다. 같은 책, p.191.

안 연속으로 들리곤 멈춘다. 내러티브와 연관시킬 때 이 음악들이 그 지점에서 나와야 할 필연성은 없다. 무심코 던져진 것처럼 보일 뿐이다. 그러나 순전히 형태적인 면에서 볼 때 여기에는 작은 규칙이 성립한다. 첫번째로 테마 1이 시작되자마자 나나의 등에서 폴의 등으로 컷이 바뀐다. 테마 1의 대부분은 폴의 모습에 실린다. 테마 2가 시작되는 것은 나나의 등에서이다. 화면에 나나의 모습이 계속 보이며 테마 3으로 연결되고, 이것이 테마 1로 가면서 다시 컷은 폴의 모습으로 바뀐다. 즉 테마 1은, 내러티브와는 무관한 채로, 나나에게서 폴로 향하는 방향성을 지닌다.

이 테마가 다시 들리는 것은 시퀀스 4의 끝 부분에서이다. 경찰에게 심문당하는 나나의 마지막 모습에서 시작된 테마 1은 "제 5장, 주말의 거리 – 첫 손님 – 호텔"이란 자막 위에 계속되고 이어서 거리에 있는 매춘부들의 모습에까지 연장된다. 여기서도 내러티브적 필연성은 없다. 거리의 모습은 계속 보이는데도 테마 1은 시작부터 23초 되는 지점에서 그치기 때문이다. 다만 한참 부재했던 음악이 들리는 이 지점이 나나가 처음으로 매춘을 겪는 시점과 일치한다는 점은 눈에 띈다. 형태적으로 볼 때 여기서 음악은 4장과 5장을 연결하는 역할을 한다. 시퀀스 사이에 처음으로 음악을 들려 줌으로써 연속과 단절의 대조를 통해 또 하나의 변증법적 관계를 설정한다고 해석할 수 있다.

다시 비디제시스적 음악이 들리는 것은 한참 뒤인 시퀀스 10의 마지막 부분에서이다. 손님, 엘리자베스와 함께 여관방에 있는 나나의 얼굴이 클로즈업되면서 테마 2가 시작되고 이 음악은 자막을 거쳐 다음 시퀀스로 연결된다. 그런데 11장에서 음악이 들리는 첫 부분의 거리 모습은 5장의 음악이 흐르는 거리의 모습과

유사하다. 역시 형태적으로 5장과 11장을 연결하는 기능을 음악
이 수행하는 것이다.[11] 같은 시퀀스에서 나나가 철학자 브리스 파
랭에게 "사랑에 대해서는 어떻게 생각하세요?"라고 묻자 테마 1
이 시작된다. 여기서 테마 1은 갑자기 사랑을 상징하는 테마가
된다. 즉, 동일한 음악이 내러티브적 상황에 의해서 다른 성격을
지닌다.

　　마지막 시퀀스인 시퀀스 12에서 음악은 가장 많이 사용된다.
이 시퀀스를 지배하는 것은 '죽음'이다. 여기서 나나와 젊은 남자
의 대화는 거의 전부 자막으로 처리된다. 그리고 에드거 앨런 포
의 책을 읽는 목소리는 비디제시스적으로 개입한다. 자막과 비디
제시스적 해설, 정사진靜寫眞처럼 보이는 숏들의 나열, 그리고 여
기에 테마 음악의 합성에 의해서 시퀀스 12는 이 영화 가운데서
가장 '예술'의 분위기를 짙게 풍긴다. 그 결과 나나는 살아 있는
인간 대신 '죽은' 예술품의 인상을 지닌다. 음악은 이 예술적인
시퀀스에 다시 형태적으로 기능한다. 먼저 시퀀스 1에서 테마 2와
3 그리고 1이 함께 묶여 연주된 이후 처음으로 여기서 테마들이
연결 사용된다. 즉, 시퀀스의 시작과 함께 테마 1, 테마 3, 테마 1
이 연결되어 들린다. 그리고 에드거 앨런 포의 낭송이 끝나는 지
점, 마지막 문장 "그녀는 죽었다"는 문장이 읽히고 난 뒤 테마 2
와 테마 3이 연결 사용된다. 같은 시퀀스의 다음 장면에서 나나는

11) 5장과 11장은 내러티브상으로도 분기점을 이룬다. 제1장에서 남편 폴은
나나에게 닭의 특징을 이야기한다. 닭은 '외부가 없어지면 내부가 남고, 내
부를 제거하면 영혼이 드러나는' 동물이다. 4장 / 5장의 경계는 나나가 외부
(육체)를 포기하는 순간이며, 10장 / 11장의 경계는 내부(자아)를 버리는 순간
이다. 12장에 남는 것은 순수하게 나나의 영혼(예술)이다.

실제로 죽는다. 나나가 죽음으로 끌려 갈 때 들리는 음악은 테마 3이다. 형태적으로 볼 때 이 시퀀스에서 음악은 3개 테마의 결합, 2개 테마의 결합, 1개의 독립된 테마의 순서로 나아간다. 즉, 죽음을 향해서 음악은 점차 축소되면서 사라져 가는 것이다. 동시에 세 번의 음악을 시작하는 테마는 각각 테마 1, 테마 2, 테마 3이다. 자막 시퀀스에서 나나의 얼굴 위에 들리던 것과 같은 순서로 사용되면서 시작과 종말에 통일성을 부여한다. 또한 영화 전체를 대상으로 볼 때도 테마 음악들은 대략 초반 1/3에 사용된 뒤 중반에는 거의 사용되지 않고, 다시 후반 1/3 정도에 사용된다. 마치 자막 시퀀스에서 '음악 사용 / 음악의 부재'의 반복이 변증법적 의미를 지니듯, 영화 전체를 통해서도 테마 음악은 '사용 / 부재 / 사용'의 반복을 통해 변증법적 의미를 획득해 간다.

3) <비브르 사 비>의 디제시스적 음악

<비브르 사 비>에는 세 번에 걸쳐 디제시스적인 음악이 등장한다. 먼저 시퀀스 2에서다. 나나가 레코드점에서 일하는 장면에서 들리는 것은 미셸 르그랑이 작곡한 재즈풍의 음악이다. 여기서는 세 곡의 음악이 배경에 깔리는데, 그 세 곡은 모두 중간에 불쑥 끊기고 새로운 곡으로 연결된다. 이 세 곡은 길이가 각각 22초, 40초, 22초로 이루어진다. 이렇게 이 시퀀스에서 고다르는 디제시스적인 음악도 비디제시스적으로 사용하며, 그것은 브레히트적 거리 두기의 효과를 냄과 동시에 비디제시스적 테마 음악의 사용 때와 마찬가지로 형태적으로 의미화한다.

　　두 번째로 디제시스적 음악이 들리는 것은 시퀀스 6의 카페

16. <비브르 사 비>에서 고다르는 음악을 '이야기에 종속적인 것'이 아닌, 독자적인 형식 요소로
취급했다.

에서이다. 주크박스를 통해 나오는 노래는 장 페라가 부르는 <그녀는 배우 놀이를 하고 있네 *Ma môme, elle joue par les starlettes*>라는 곡이다. 이 노래 역시 디제시스적 음악으로서는 부자연스러울 정도로 크게 들린다. 즉, 디제시스적 음악이 비디제시스적으로 사용된다. 특히, 노랫말을 지닌 음악이라는 점에서 장 페라의 이 노래는 나나의 심리에 대해서 코멘트 역할을 한다. 그 시점에서 나나는 영화 배우를 꿈꾼다. 그러나 현실은 그녀에게 매춘을 강요한다. 나나는 자신의 모든 행동이 '자신의 책임'이라고 말한다. 그리곤 갑자기 관객을 쳐다본다. 이 때 노래는 "그녀는 배우가 아니네 / 그녀는 검은 안경을 쓰지도 않았네 / 그녀는 잡지에 실릴 사진을 찍지도 않네 / 그녀는 실제로는 공장에서 일하네……"라고 시작되면서 나나의 잔인한 현실을 비웃듯이 경쾌하게 들린다. 노래 중간 중간에 화면에는 나나의 얼굴이 클로즈업된다. 방금 전에 이야기한 대로 그녀가 매춘을 하는 것도 '자신의 책임'인지 모른다. 이 노래도 중간에 이유 없이 갑자기 끊기면서 비디제시스적으로 기능한다.

마지막으로 들리는 디제시스적인 음악은 시퀀스 9에서 나나가 젊은 남자를 유혹할 때 들리는 스윙 음악이다. 거의 리듬만으로 이루어진 이 음악이 흐르는 동안 영화 속에서는 다른 음향 및 대사가 전혀 없다. 이번에도 역시 고다르는 디제시스 음악을 비디제시스적으로 사용한다. <여자는 여자다>, <미치광이 피에로 *Pierrot le fou*>에서처럼 할리우드 뮤지컬에 대한 고다르의 애정을 표현하는 것으로 볼 수도 있겠지만, <비브르 사 비>의 경우 특히 형식의 측면에서 고다르가 변증법적 구조를 깊이 의식한 사실을 전제로 할 때, 현장음과 현장 음악(디제시스적 소스 뮤직) 사이의 대립을 의도한 것으로 해석할 수도 있다. 이 스윙 음악은 10장의 자막 위에까지 연장 사용됨으로써 표면적으로도 디제시스 음악의 비디제시스화 공식으로 나아간다.

<비브르 사 비>에서 테마 음악 및 디제시스 음악의 사용은 전체적으로 이렇게 순수 형식적, 형태적 측면에서 고려해야만 의미를 얻을 수 있는 독특한 구조를 지닌다. 그래서 전통적인 '내러티브에 종속적인 음악 사용'이라는 관점에서 이 영화의 의미를 분석할 때 거기에는 무의미한 음악의 파편만이 제 멋대로 던져진 것으로 보일 수밖에 없다.

4. 팝 음악과 내러티브 — <이지 라이더>

피터 폰다가 제작을 담당하고 데니스 호퍼가 감독한 영화 <이지 라이더>는 1969년 발표와 함께 큰 반향을 일으켰다. 히피, 히치하이커, 멕시코인, 코뮌(공동체), LSD, 마리화나, 코카인, 알코올 중독자, 모텔…… 전통적인 할리우드 영화가 기피하던 이런 소재들을 정면에 내세우며 당시 진보적인 젊은 세대에 유행하던 반문화 *counter-culture* 를 찬미하기 때문이다. 동시에 이 영화는 할리우드의 고전 영화들이 기피하던 록 음악을 사운드 트랙의 기본으로 사용해 이후 팝 음악들을 영화에 사용하는 데 결정적인 영향을 주었다.

<이지 라이더>는 1960년대 미국의 정치적 성향의 측면에서 분류할 때 좌파 시각의 영화에 속한다. 영화 전체가 주인공 캡틴 아메리카(피터 폰다)와 빌리(데니스 호퍼)의 입장에 서서 보수적인 미국 사회, 특히 남부 사회를 비판적으로 그리기 때문이다. 비슷한

시기에 만들어진 우파 영화들과 비교해 볼 때 그 정치적 성향은 분명해진다. <이지 라이더>가 공격하는 텍사스의 보수적인 경찰은 우파 영화인 <워킹 톨 *Walking Tall*>에서는 조 돈 베이커로 영웅화되며, 캡틴 아메리카와 빌리 같은 인물도 우파 영화인 <더티 해리 *Dirty Harry*>에서는 폭력적인 정신 이상자로 그려진다. 특히, 이 영화에 사용된 록 음악들이 1960년대 미국 사회에서 볼 때 좌파 시각을 대표하는 음악 장르였다는 점이 눈에 띈다. 더욱이 영화 속에서 사용되는 <마약 밀매꾼 *The Pusher*>, <야성으로 태어나 *Born To Be Wild*> 등의 노래를 부른 스테픈울프는 정치적 성향의 노래를 즐겨 부른 캐나다 출신의 록 그룹이었고, <6자가 9자로 된다면 *If Six Was Nine*>의 지미 헨드릭스는 사이키델릭 음악의 중심에 서서 활동하다 약물 중독으로 세상을 떠난 가수였다. <괜찮아요, 엄마 난 피 흘리고 있을 뿐 *It's All Right, Ma, I'm Only Bleeding*>을 작사·작곡한 봅 딜런은 1960년대의 유명한 반전 현실 참여적 가수였으며, <얽매이지 않으리라 *Wasn't Born To Follow*>의 버즈는 봅 딜런의 노래를 포크 록으로 즐겨 편곡해 부른 그룹이었다.[12] 그 결과 <이지 라이더>에서 사용된 록 음악들은 이 영화의 정치적 시각을 분명하게 제시한다. 즉, 이 영화의 비디제시스적인 음악 전체를 구성하는 록 음악은 자체로서 영화의 성향을 규정한다.

그러나 <이지 라이더>의 음악 사용의 두드러진 점은, 맨 마지막 로저 맥귄의 <이지 라이더의 발라드> 한 곡을 제외하고는 모두 기성곡들을 사용함에도 불구하고 영화의 내러티브와 깊이 상호 작용을 한다는 점이다. 더욱이 이 록 음악들은 모두 가사를

---

12) 영화 속에서 <괜찮아요, 엄마 난 피 흘리고 있을 뿐>과 <이지 라이더의 발라드>를 부르는 로저 맥귄은 버즈의 기타리스트였다.

가지고 있기 때문에, 록 리듬에 의한 영화의 전체 성격 규정을 넘어서 화면 위의 구체적 상황과도 긴밀하게 조응한다. <이지 라이더>에서 기성 음악의 동태적 사용은 1964년 케네스 앵거가 만든 단편 영화 <스콜피오 라이징>의 영향을 보여 준다. 다만 노래의 내용이 정확히 이해되지 않을 때 관객에게 미치는 효과는 그만큼 적을 수밖에 없다.[13]

1) <이지 라이더>의 시놉시스 및 시퀀스 구분

멕시코에서 코카인을 암거래해 거금을 획득한 캡틴 아메리카(피터 폰다)와 친구 빌리(데니스 호퍼)는 대형 오토바이의 기름 탱크 안에 돈을 감추고 고속 도로를 달린다. 두 사람은 로스앤젤레스를 출발해 남부를 거쳐 동쪽 뉴올리언스로 향한다.

　　단정하지 못한 차림의 두 사람을 보고 모텔들은 손님으로 맞기를 거부한다. 그들은 숲 속에서 밤을 보내야 한다. 도중에 지저스라는 이름의 한 히피 청년이 그들의 오토바이에 히치하이크한다. 두 사람은 청년을 따라 뉴멕시코 주의 깊은 산 속에서 20~30명의 젊은이가 원시적 공동체 생활을 하는 모습을 본다. 그들과 함께 개울에서 헤엄도 치며 자연 생활을 즐기던 두 사람은, 정신 세계에만 몰입하는 이들에게 익숙해지지 못하는 빌리 때문에 결국 떠나게 된다.

　　이번에 도착한 곳은 텍사스 주. 마을에서는 한창 퍼레이드가

_____

13) 유감스럽게도 국내에 나와 있는 비디오테이프에서는 중간의 두 곡 외에는 사용곡들의 노랫말이 화면에 번역되지 않는다. 때문에 음악의 사용 효과는 축소되고 단순히 배경 음악으로만 기능하게 된다.

벌어진다. 두 사람은 오토바이를 타고 그들 속에 파묻혀 함께 행진을 하지만 '허가 없이 퍼레이드에 참가했다'는 이유로 경찰서 유치장에 갇힌다. 거기서 그들은 술에 취해 쓰러져 있는 조지 핸슨이란 이름의 변호사(잭 니콜슨)를 만난다. 그는 민권 운동 *civil rights movement* 을 열렬히 지지하는 진보적인 변호사인데, 마을 유지인 아버지와의 대립으로 좌절감에 빠져 알코올 중독자가 된 사람이다. 핸슨은 유치장에서 나오면서 두 사람과 동행한다. 식당에서 세 사람은 마을 사람들의 적대감과 대면한다. 주위의 위험한 시선을 느낀 세 사람은 식당을 나와 숲으로 도망친다. "왜 우리를 두려워하는 거지?"라고 묻는 빌리에게 핸슨은 "그들은 너희의 외모가 아니라 그것이 상징하는 것을 두려워한다. 자유를 부르짖는 사람들이 진정 자유로운 그 모습은 보길 두려워한다"고 답변한다. 그 날 밤 숲에서 잠자던 세 사람은 마을 사람들에게 린치를 당하고, 핸슨은 그 자리에서 죽는다.

뉴올리언스에 도착한 두 사람. 거리에서는 마디 그라 Mardi Gras 축제가 벌어진다. 유곽에서 산 매춘부 두 명을 데리고 그들은 뉴올리언스 묘지에서 절망적인 섹스를 한다. 다시 플로리다로 향하는 두 사람은 고속 도로에서 두 농부에게 별 이유도 없이 총격을 당하고 죽는다.

시퀀스 1   멕시코에서 캡틴 아메리카와 빌리가 멕시코인들과 코카인을 암거래한다. 그들 머리 위로 비행기가 굉음을 낸다. (음악: 스테픈울프의 <마약 밀매꾼>)

시퀀스 2   자막 시퀀스. 캡틴과 빌리가 대형 오토바이를 몰고 고속 도로를 달린다. (음악: 스테픈울프의 <야성으로 태어나>)

시퀀스 3   모텔에서 거절당하고 산 속에서 불을 지피고 밤을 보낸다.

시퀀스 4   숲 속에서 가톨릭 부인을 얻어 은둔 생활을 하는 농부를 만나 그
            들 가족과 함께 식사를 한다.

시퀀스 5   고속 도로를 달린다. 도중에 히피 청년을 만나 태워 준다. 그와 숲
            에서 밤을 보내고 숲 속의 공동체를 향해 간다. (음악: 버즈의 <얽
            매이지 않으리라>, 스미스의 <무거운 짐 The Weight>)

시퀀스 6   숲 속의 히피들과 생활한다. 그들의 연극을 보고, 만찬에 동참한다.
            그리고 빌리의 요구에 따라 그들에게서 떠난다. (음악: 버즈의 <얽
            매이지 않으리라>)

시퀀스 7   텍사스의 축제 행렬에 동참한 뒤 유치장에 갇힌다. 유치장에서 변
            호사 조지 핸슨을 만나 대화한다.

시퀀스 8   조지 핸슨과 동행해 고속 도로를 달린다. 세 사람은 숲에서 밤을
            새우고 그 때 조지 핸슨은 캡틴 아메리카에게서 마리화나를 배운
            다. (음악: 홀리 모덜 라운더스의 <새가 되고 싶다면 If You Want To Be a
            Bird>, 프래터니티 오브 맨의 <그 마리화나를 피지 마 Don't Bogart That
            Joint>, 지미 헨드릭스의 <6자가 9자로 된다면>)

시퀀스 9   식당에서 적대적인 사람들을 만난 뒤 숲 속으로 와서 밤을 지샌다.
            거기서 조지 핸슨은 두 사람에게서 마리화나를 얻어 피운다. 밤에
            마을 사람들의 습격을 받다 핸슨이 죽는다.

시퀀스 10   핸슨이 소개해 주었던 뉴올리언스의 유곽에 들러 그 곳에 있는 종
            교적 분위기를 맛본다. 돈을 주고 여자 둘을 산다. (음악: 일렉트릭
            프룬스의 <키리에 엘레이손 Kyrie Eleison>)

시퀀스 11   뉴올리언스 거리에서 마디 그라 축제를 본다. 묘지에 가서 환각제
            를 복용하고 섹스를 나눈다. (음악: <성자들이 행진할 때 When The
            Saints Go Marchin' In>)

시퀀스 12   고속 도로를 달린다. (음악: 일렉트릭 플래그의 연주곡 <플래시 밤 파우 *Flash Bam Pow*>, 로저 맥귄의 <괜찮아요, 엄마 난 피 흘리고 있을 뿐>)

시퀀스 13   차를 타고 가던 두 농부가 오토바이를 타고 달리는 빌리에게 총을 쏜다. 그들은 자신들을 좇는 캡틴에게도 총을 쏜다. (음악: 로저 맥귄의 <이지 라이더의 발라드>)

2) <이지 라이더>의 음악과 내러티브와의 관계

첫 시퀀스에서 마약을 밀거래하는 등장 인물들 위에 들리는 스테픈울프의 노래 <마약 밀매꾼>의 가사를 먼저 살펴보자.

마리화나도 많이 피웠고 / 약도 많이 복용했지 / 주위의 많은 사람들이 자신의 눈동자 속에 / 묘비를 감추고 걷는 것을 보았네 / 그러나 마약 밀매꾼들은 내가 죽든 말든 / 상관하지를 않는구나 / 저주받을 마약 밀수꾼들 / 저주받을 놈들 / 거래꾼들은 / 마리화나를 손에 든 괴물이지 / 그는 우리에게 달콤한 꿈을 팔지만 / 그러나 그놈들은 우리 육체를 파괴한다네 / 저주받을 놈들 / 나쁜 놈들……

이 노래는 마약 거래꾼들을 저주하는 내용으로 되어 있다. 그러나 영화 속 주인공들은 바로 그 마약을 밀거래해서 돈을 챙긴다. 그들을 비난하는 노래가 들리는 것이다. 언뜻 두 사람에게 비난을 던짐으로써 앞으로 오게 될 비극적 운명에 냉소적인 코멘트를 하는 것으로 보인다.

그러나 이 노래가 들리는 시점이 주인공들의 머리 위에 거대한 비행기가 굉음을 내면서 날아가는 숏들이 등장한 직후라는 사실을 고려하면, 노래가 내러티브에 주는 효과는 주인공들의 심리와 연관된 것으로 해석하는 것이 옳다. 즉, 비행기가 그들을 위에

서 누르는 것처럼, 미국 사회는 그들을 계속 감시한다. 이렇게 무
표정한 주인공들이 내면에 느끼는 억압감을 노래는 표현한다. 그
리고 시퀀스 13의 마지막 장면에서는 실제로 총에 맞아 쓰러진
두 사람 위를 카메라가 (헬리콥터 숏으로) 비행기의 위치에서 내려
다본다.

자막 시퀀스에 등장하는 스테픈울프의 노래 <야성으로 태어
나>는 주인공들의 심리와 연결이 훨씬 용이하다.

> 오토바이를 달려라 / 고속 도로로 나가자 / 우리의 앞에 어떤 것이 오
> 든 / 모험하는 마음으로 / 꼭 그렇게 할 것이다 / 이 세상을 사랑으로
> 감쌀 것이다 / 모든 총들을 한꺼번에 쏘고 / 공중으로 폭발해 버릴 것
> 이다 / 자연의 아이처럼 / 우리는 야성으로 태어났다 / 우리는 높이 날
> 아갈 수 있다 / 나는 결코 죽고 싶지 않다 / 야성으로 태어났으므로 /
> 야성으로 태어났으므로…….

영화 전체를 대상으로 할 때, 이 <야성으로 태어나>는 전체
내용을 압축해 놓은 듯한 느낌마저 든다. 밀수로 번 돈을 가지고
고속 도로를 달려 나가는 현 시점의 심리는 물론, 마지막에 오토
바이 폭발음과 함께 죽어 갈 운명까지 노래는 전한다.

다음에 들리는 버즈의 <얽매이지 않으리라>는 이 영화 전
체를 통해 가장 서정적이고 밝은 분위기를 지닌다. 로저 맥권의
12현 기타에서 풍기는 우아함도 그렇고 노랫말 또한 그렇다.

> 우리는 깊고 깊은 계곡도 건넜고 / 성스런 산도 넘어갔지 / 아무도 그
> 이름을 모르는 / 수많은 나무들이 있는 숲도 지나갔지 / 때가 되면 나
> 는 / 전설 속의 샘 곁에서 기다리리라 / 보석 같은 물 위에 / 당신의 형

17. <이지 라이더>는 기존의 팝 음악을 사용하면서도 내러티브와 적절한 조화를 이룬다.

체가 반사될 때까지 / 그리고 하얀 폭포수 밑으로 뛰어들리라 / 그녀는 마지막에 / 내가 얽매이지 않는 사람이란 것을 알리라.

실제로 이 노래가 흐르는 시점에서 캡틴과 빌리는 가장 평온함을 느낀다. 시퀀스 4에서 두 사람은 도시에서 떨어져 인종 편견, 종교 문제 등을 잊고 행복하게 사는 가족과 식사를 나누었다. 캡틴은 그 중년 남자에게 "자연 속에서 사는 것은 멋진 일입니다"라고 이야기했다. 그리고 두 사람은 뉴올리언스에 가서 마디그라 축제를 즐기고 싶은 마음으로 이제 광활한 자연의 한가운데를 달리는 중이다. 이 노래는 유일하게 영화 속에서 두 번 흐른다. 또 한 번은 시퀀스 6에서이다. 히피들의 공동체 안에서 두 명의 여인을 만나 원시인처럼 물장난하러 가는 장면이다. 자연을 달리는 장면에서는 노래의 전반부를, 그리고 물 속에서 나체로 헤엄치기 직전의 장면에서는 노래의 후반부를 사용해 내용과의 조화를 꾀한 것도 눈에 띈다.

시퀀스 5의 청년을 오토바이에 태우고 뉴멕시코 산 속의 히피 거주지로 가는 장면에서는 스미스의 <무거운 짐>이 흐른다.

나는 나사렛에 갔다 / 반쯤은 죽은 감정으로 / 어딘가 갈 곳이 필요했다 / 내 머리를 놓을 곳이 필요했다 / 어디 내 침대는 없습니까라고 나는 물었다 / 그는 웃으며 내 손을 흔들었다 / 그리곤 짧게 없다고만 말했다 / 나는 가방을 싸고 / 숨을 곳을 찾았다……

이 노래는 성서에 등장하는 인물, 용어들을 많이 사용해 종교적인 색채가 짙게 풍긴다. 영화 속에서 두 사람이 태운 히피 청년의 이름은 지저스이며, 히피들의 공동체 안에서는 성서에 등장하

는 듯한 예식들이 벌어진다. 그리고 그들의 식사는 성서 속의 만
찬과도 닮았다. 결국 빌리가 그 곳에서 적응하지 못하고 떠나자고
재촉하는 상황도 노래 속에 담겨 있다. 스미스의 이 노래는 이렇
게 두 사람이 히피 코뮌 안에서 겪을 상황을 미리 전해 준다.[14)]

　　다음으로 노래가 등장하는 것은 시퀀스 8에서이다. 시퀀스 8
은 유치장에서 만난 진보적인 변호사 조지 핸슨이 두 사람을 만
나면서 일행이 되어 동행하는 과정을 그린다. 여기서는 세 곡의
노래가 등장하는데, 이 노래들은 모두 조지 핸슨의 심리와 일치
한다. 그리고 모두 환각 상태와 관련된 노래들이다. 가장 먼저 들
리는 곡은 홀리 모델 라운더스의 <새가 되고 싶다면>이다.

　　새가 되고 싶다면 / 새가 되고 싶다면 / 한번 날개짓하고 날아 보렴 / 더
　　높은 곳으로 갈 수 있는데 / 왜 지상에 묶여 있는가 / 아직 한번도 사
　　용하지 않은 풀이 있다면 / 기다리지 말고 밖에 나가 날아 보렴……

　　유치장에서 나오자마자 조지 핸슨은 자신을 얽매는 텍사스
주의 보수성으로부터 탈출하고 싶어한다. 새처럼 자유롭게 날기
위해서, 그는 미식 축구용 헬멧을 머리에 뒤집어쓰고 캡틴 아메
리카의 오토바이에 올라 함께 고속 도로를 달린다. 그리고 그 날
밤 숲 속에서 조지 핸슨은 노래 속에서처럼, 캡틴으로부터 마리
화나를 받아 처음으로 피워 본다. 캡틴은 "내일 아침에 일어나
남은 마리화나를 피우라. 그러면 하루가 훌륭하게 시작될 것"이

---

14) <무거운 짐>은 더 밴드 The Band 의 로비 로버트슨이 작사·작곡을 했
고, 원래 더 밴드에 의해 불려 그들의 첫 앨범 ≪빅 핑크로부터의 음악 *Music
from Big Pink*≫에 수록되었다.

라고 말한다.

　이어지는 화면은 다음 날 아침 고속 도로에서 세 명이 방뇨하는 장면이다. 여기서 프래터니티 오브 맨의 노래 <그 마리화나를 피지 마>가 들린다. 그러나 이 노래는 제목에서 보이듯 환각제 사용을 반대하는 노래가 아니다.

> 친구여, 그 마리화나를 피지 말고 / 나에게 건네 다오 / 그 마리화나를 피지 말고 / 내게 건네 다오 / 또 한 개비를 말아서 / 그것을 피게 / 그것을 다 피고 난 뒤 / 진정한 친구가 되어 보세…….

　결국 어젯밤의 마리화나를 통해 조지 핸슨은 두 사람과 완전한 일행이 된 것이다. 이렇게 노래는 그 밤을 지새고 새로운 날을 맞은 전직 변호사의 새로운 심경을 그린다. 함께 방뇨한 뒤에 고속 도로를 달리는 세 사람에 바로 지미 헨드릭스의 노래 <6자가 9자로 된다면>이 이어진다.

> 태양이 빛을 주지 않아도 / 괜찮아 괜찮아 / 높은 산들이 바닷속에 빠져 버려도 / 그냥 놔 둬 괜찮아 / 이제 나는 내 세상을 살아갈 것이고 / 너의 세상을 그대로 흉내내지 않을 테니까 / 6자가 뒤집어져 9자로 된다 해도 / 괜찮아 괜찮아 / 모든 히피들이 머리를 깎는다 해도 / 상관없어 상관없어…….

　지미 헨드릭스의 노래를 통해 조지 핸슨의 변신은 완성된다. 그는 이제 존경받는 변호사가 아니라 식당에서 주위 사람들의 적대감을 불러일으키는 '반문화주의자,' '반미주의자'가 된다. "미국은 한때 정말 멋진 나라였지. 지금은 안 그래. 그들은 너희들의 모습을 두려워하는 게 아니야. 너희들의 모습이 상징하는 것이 두려운 거야. '개인의 자유, 개인의 자유'를 주장한 나머지, 이제 살인할 수 있는 자유까지도 만들어 놓았잖아. 그렇게 자유를 부르짖는 사람들이 정말 자유로운 너희들의 모습은 보길 두려워하는 거야." 이렇게 말하고 난 뒤 핸슨은 '살인할 수 있는 자유'의 대상이 되어 마을 사람들에게 죽임을 당한다.

시퀀스 10은 뉴올리언스의 유곽 장면으로 시작된다. 그리고 여기서 들리는 노래는 중세적, 종교적 분위기를 지닌 일렉트릭 프룬스의 <키리에 엘레이손>이다. 유곽 내부의 지배적인 분위기와도 맞을 뿐 아니라, 미국에서 가장 역사적인 도시 뉴올리언스, 그리고 종교성을 지닌 축제 마디 그라와도 상통하는 노래이다. 이 곡의 노랫말은 큰 의미가 없다. 그저 라틴어인 '키리에 엘레이손'만 반복할 뿐이다.

시퀀스 11의 거리에서 마디 그라 행진이 벌어지고 그 곳에서는 유명한 초기 재즈의 명곡 <성자들이 행진할 때>가 들린다. 의미상으로는 디제시스적인 음악이지만, 재즈보다는 오히려 미국 남부의 블루그래스적인 음색도 가미되어 비디제시스적으로 들린다.

묘지에서의 절망을 겪고 두 사람은 플로리다로 향한다. 이제 두 사람 사이에는 아무런 대화도 없고 단지 고속 도로를 달리는 장면만 이어진다. 이 시퀀스 12에서 흐르는 음악은 로저 맥귄의 <괜찮아요, 엄마 난 피 흘리고 있을 뿐>이다.

대낮에 보이는 어둠은 / 은수저에까지도 그림자를 던집니다 / 어린 아이의 풍선이 / 태양과 달을 동시에 가리고 있습니다 / 서둘러 태어나지 않은 사람이 / 이제는 서둘러 죽고 있습니다 / 그러니 당신 주위에서 / 낯선 소리가 들린다 해도 / 두려워하지 마십시오 / 엄마, 괜찮아요 / 난 단지 탄식할 뿐······.[15]

이 노랫말이 침묵하고 달리는 두 사람 위에 들림으로써 서서히 그들의 죽음이 예고된다.[16] 시퀀스 13에서 카메라는 불타는 오토바이로부터 점점 멀어지면서 미대륙의 광활한 자연을 그려 낸다. 두 사람의 비극적 최후를 장식하는 노래는 로저 맥귄의 <이지 라이더의 발라드>이다.

강물은 흘러간다 / 바다로 흘러간다 / 강물이 흘러가는 곳이라면 / 어디든지 가고 싶어라 / 그가 원했던 모든 것은 / 단지 자유롭고 싶다는 것 / 흘러라 강물이여, 흘러라 / 나를 이 길에서 / 다른 도시로 데려가 다오······.

결국 캡틴 아메리카와 빌리가 '30세 이상의 사람들'이 지배하는 1960년대 미국 사회의 어느 곳에서도 자유를 찾을 수 없다는 것이 암시되면서 영화는 끝난다.

지금까지 음악을 통해 분석한 것처럼 <이지 라이더>는 마지막 한 곡을 제외하곤 모두 기존의 음악에서 발췌 사용했지만, 마치 이 영화를 위해서 모든 음악을 새로 만든 것처럼 내러티브와 훌륭하게 조화를 이룬다.

---

15) 이 노래는 원래 밥 딜런의 곡으로 딜런의 앨범 ≪모두 고향으로 가져가리 *Bringing It All Back Home*≫에 수록되어 있다.
16) 국내에서 나온 비디오테이프에는 이 노래가 흐르는 장면 전체가 삭제되어 있다. 따라서 이어지는 그들의 죽음이 훨씬 갑작스럽다.

참고 문헌

레나드 번스타인. 《대답 없는 질문》. 박종문 옮김. 主友, 1982.

로저 맨벨, 존 헌틀리. 《영화 음악의 기법》. 최창권 옮김. 영화진흥공
사, 1987.

이철웅. 《영화와 음악: 영화 연출과 제작》. 이정선음악사, 1998.

한스 크리스찬 슈미트. 《영화 음악의 실제》. 강석희·김대웅 옮김. 영
화진흥공사, 1992.

Altman, Rick (ed.). *Sound Theory Sound Practice*. Routledge, 1992.

Arnheim, Rudolf. *Film as Art*. University of California Press, 1957.

Bazelon, Irwin. *Knowing the Score: Notes on Film Music*. Van Nostrand
Reinhold, 1975.

Bell, David. *Getting the Best Score for Your Film*. Silman-James Press, 1994.

Bordwell, David. *Narration in the Fiction Film*. The University of Wisconsin
Press, 1985.

———— (with Staiger, Janet & Thompson, Kristin). *The Classical Hollywood
Cinema*. Routledge, 1985.

Brown, Royal. *Overtones and Undertones*. University of California Press, 1994.

Burt, George. *The Art of Film Music*. Northeastern University Press, 1994.

Carroll, Noel. *Mystifying Movies*. Columbia University Press, 1988.

Chion, Michel. *Audio-Vision: Sound on Screen*. (trans. by Claudia Gorbman). Columbia University Press, 1994.

───. *Le Son au Cinéma*. Edition de l'Etoile, 1985.

Evans, Mark. *Soundtrack: The Music of the Movies*. Da Capo, 1975.

Flinn, Caryl. *The Strains of Utopia: Gender, Nostalgia and Hollywood Music*. Princeton, 1992.

Fred, Karlin. *Listening to Movies*. Schirmer Books, 1994.

Gorbman, Claudia. *Unheard Melodies: Narrative Film Music*. Indiana University Press, 1987.

Kalinak, Kathryn. *Settling the Score: Music and the Classical Hollywood Film*. The University of Wisconsin Press, 1992.

Marmostein, Gary. *Hollywood Rhapsody: Movie Music and its Makers 1900 to 1975*. Schirmer Books, 1997.

McCarty, Clifford (ed.). *Film Music 1*. Garland, 1989.

Nasta, Dominique. *Meaning in Film: Relevant Structures in Soundtrack and Narrative*. Peter Lang SA, 1991.

Palmer, Christopher. *The Composers in Hollywood*. Marion Boyars, 1990.

Prendergast, Roy. *Film Music: A Neglected Art*. Norton, 1977.

Smith, Steven. *A Heart at Fire's Center: The Life and Music of Bernard Herrmann*. University of California Press, 1991.

Thomas, Tony. *Film Score: The Art & Craft of Movie Music*. Riverwood Press, 1991.

Weis, Elisabeth & Belton, John (ed.). *Film Sound: Theory and Practice*. Columbia University Press, 1985.

Cineaste, vol. XXI, nos. 1~2, 1995.

柳生すみまろ. ≪映畵音樂: その歷史と作曲家≫. 芳賀書店, 1985.

＜現代思想＞, vol. 13-5, 特集: Contemporary Music, 靑土社, 1985.

＜Cahiers du Cinéma Japon＞, no. 18, 特集: music ＋ cinema, 勁草書房, 1996.

Understanding Film Music			art(film studies)	
Author: Han Sang-june				
Han-narae Publishing Co.			2000	238pp.
152 × 225mm	10000won	ISBN 89-85367-82-X 94680		

Film music differs from ordinary music in that it characteristically interacts with the story of the film. In other words, film music plays the role of creating a diegetic time-space of film together with performance, shooting, editing and sound recording. But unlike other elements, film music is contradictory in nature in that it is separate from the consciousness of spectators though it has the most obvious identity as a external element of virtual true reality(diegesis).

As in John Ford's *The Informer*, classical Hollywood films, which attach great importance to the absorption in the virtual narrative reality, put the emphasis on the nature of music dependent on the story of the film. Though on the other hand, modernist films, *Vivre Sa Vie* for instance, tend to separate music from the story of the film.

·We can arrange the functions of film music as follows: that of identifying the time-space of the film; that of revealing the internal psychology of characters; that of background music; that of endowing the film with continuity; that of constructing an emotional foundation; that of aiding the development of the film; and that of symbolizing different characters. From the viewpoint that film music stands over the other above-mentioned elements, the contrapuntal position of film and music has also been pointed out in relation to the narrativity of film music.

As film music plays the narrative role, so the absence of music in a film can play the same role. First, It is genre which controls the function of the absence of music in a film. The presence of music in a film effectively plays a narrative role in such genres as melodrama, musical and adventure drama. On the other hand, in the case of social realist film or some European art film, the narrative nature is brought about by the absence of music. In conclusion, the meaning of music in film is primarily restricted by its relation to the narrative.